Gracias por amar al Señor Jesús d[...]
de que me has amado como Jesucristo ama a la Iglesia, me ha hecho
entender cómo es que Él un día se casará con la Novia en las bodas del
Cordero, lo que a su vez me hace anhelar Su regreso. Si mi vida contigo ha sido un disfrutar, un enamoramiento que sólo es humano, mi
corazón se quebranta de emoción y pasión cuando pienso en lo extraordinario de una plenitud que disfrutaré con Él algún día.

Nunca pensé que el estar casada contigo me daría una mejor perspectiva y un mejor entendimiento de lo que es tener una intimidad
con el Señor. Tu cuidado y amor por mí es un reflejo de tu cercanía
con Dios. Creo que esto es evidente en las páginas de este libro. Es
imposible tener una relación con Jesucristo y conocerlo de la manera
que tú lo has conocido y que no tenga un impacto en mi vida como
esposa.

Este libro sólo es un reflejo de tu pasión por conocer y seguir a Jesús. Si
a alguien has contagiado con tu pasión es a mí. Gracias por amarle tanto
porque también nuestros hijos se han beneficiado de tu amor por Él.

¡Te amo!

Pecos Romero

Una vez escuchamos que es muy difícil que un músico exitoso no se
convierta en un simple artista. Sin embargo, hemos tenido el privilegio
de ver a través de los años el desarrollo musical de Jesús Adrián Romero y
cómo Dios le ha llevado de un desconocido músico a un dirigente internacional de adoración que impacta multitudes. Como sus pastores
podemos decir que él sigue siendo un siervo humilde con una pasión por
agradar a Dios, en vez de cantar para recibir los aplausos de la gente.
Podemos ver también en su matrimonio y en sus hijos el fruto de un
hombre íntegro. Creemos que este libro de la pluma de tal siervo, provocará en usted hambre por buscar más la presencia de Jesús.

Víctor y Gloria Richards, Pastores
Centro Cristiano Vino Nuevo
Ciudad Juárez, México

Para nadie es desconocido el hecho de que las canciones de Jesús
Adrián han traído un renuevo espiritual. Alguna vez pensé en lo bueno
que sería conocer al autor de algunos de los cantos que he grabado y

que más me han impactado. Una vez lo conocí, confirmé la sospecha que tenía, esos cantos vienen del corazón de alguien que ama profundamente a Jesús. Qué bueno que esa pasión ahora nos es compartida a través de las líneas de un libro, confío que otra vez, muchos seremos atraídos a la belleza del corazón de Jesús.

Danilo Montero, Salmista y autor
Sígueme Internacional

Jesús Adrián no es simplemente un cantor. En su música oigo el testimonio de los caminos por los cuales Dios los ha llevado. Algunos caminos han sido difíciles, pero en todos ellos capto la voz de un hombre que se ha entregado a su Señor como una ofrenda de amor. Jesús Adrián, gracias por mostrarnos lo que Dios ha hecho en el jardín de tu corazón.

David Greco, Ministro y autor
Ministerio Cielos Abiertos

Es una tremenda bendición para nosotros que Dios esté levantando como autores a ministros del calibre de Jesús Adrián, con un corazón sencillo en adoración al Señor.

Marcos Witt, Salmista, autor y ministro
CanZion Producciones

Los últimos 5 años de mi vida han sido los más intensos y sin duda los más fructíferos, he podido aprender de alguien que vive lo que predica. Jesús Adrián es más que un maestro, un mentor, un hermano, un amigo, es un ejemplo. Su jornada de trabajo comienza con el día y termina con la noche, mas su vida de adoración no culmina. Es un hombre enamorado de Jesús, apasionado por Jesús, es Su discípulo y sobre todo Su amigo.

Lic. Aarón Pérez Esparza
Coordinador de Vástago Producciones

Agradecimientos:

El agradecimiento, más que ser una reacción por algo recibido, debe ser una actitud diaria del corazón.

Hay muchas personas con las que estoy agradecido, y a medida que pasan los años la lista crece y crece. Podría escribir un libro sólo para hablar de las personas que través de mi vida me han inspirado a crecer y madurar en el Señor, pero por cuestión de espacio me veo en la obligación de reducirlo a unos pocos.

Le doy las gracias a Alberto Mottesi, a mi padre espiritual; Pablo Contreras, mis pastores; Víctor y Gloria Richards, mis padres; Francisco y Alicia, y a mis nueve hermanos y hermanas.

También le doy las gracias a mi esposa Pecos, mi hijo Adrián Roberto, mis hijas Jaanai Michelle y Melissa Janet por su apoyo incondicional y constante, y por alegrar cada día mi vida.

Le agradezco profundamente a toda la familia de Vástago Producciones, a todos los músicos y a cada uno de los diferentes departamentos. ¡Ustedes son parte de este libro!

Le extiendo mi gratitud a Casa Creación; a Tessie DeVore, y a Liz Edén, por todas sus atenciones durante el proceso de escribir este libro. Un agradecimiento especial a Gisela Sawin por la revisión final.

Igualmente le agradezco profundamente a aquellos que se tomaron el tiempo de leer el manuscrito y hacer valiosas sugerencias. A mi esposa, a mi hermana Panchita, a mi asistente; el lic. Aarón Pérez, y a Olivia Vargas.

Finalmente, gracias a ti Señor Jesús. Este libro está impregnado del perfume de tu presencia. Gracias por darme el privilegio inmerecido de sentarme a la mesa y cenar contigo. Gracias también por permitirme compartir con otros el amor tan grande que siento por ti.

Cenando con Jesús por Jesús Adrián Romero
Publicado por Casa Creación
Una división de Strang Communications Company
600 Rinehart Road
Lake Mary, Florida 32746
www.casacreacion.com

A menos que se indique lo contrario,
todos los textos bíblicos han sido tomados
de la Versión Reina-Valera de 1960.

Índice

Prólogo

Este es un libro extraordinario. Evidentemente Jesús Adrián Romero conoce a Dios. Él no escribe sobre lo que aprendió de otros acerca del Señor. Él lo conoce personalmente. Y ésta...¡es una gran diferencia!

Conozco a Jesús Adrián desde hace años, pues forma parte del equipo pastoral de una iglesia que yo amo mucho. Lo miré crecer como un adorador itinerante. Siempre vi en él un "toque" profundamente pastoral y devocional, pero nunca como en *Cenando con Jesús*. Aquí descubrí a un hombre santo que anhela entrar al "lugar santísimo".

Muchas gracias Jesús Adrián, por una obra valiosísima que desatará hambre y sed de Dios.

La historia a través de los siglos fue marcada por acontecimientos y movimientos que iniciaron nuevos procesos para la raza humana. La reforma con Martín Lutero literalmente cambió la historia del mundo. El trueno de la Palabra de Dios llenó catedrales, abadías y monasterios tanto en Europa como en el resto de los continentes.

El movimiento anabaptista que desde antes de la Reforma y en medio de persecuciones horribles no se rindió a los poderes eclesiásticos, llevó el Evangelio con fidelidad a todos los confines de la Tierra.

Los hermanos Wesley iniciaron movimientos de santidad cuya influencia perdura hasta nuestros días. El movimiento de la calle Azusa desató una explosión del Espíritu Santo y una ola evangelística como pocas en la historia.

En la década de los sesenta se llevó a cabo la renovación del Espíritu Santo; en las denominaciones históricas se transformaron odres viejos y se llenaron con el vino nuevo, algo que muchos habían anhelado por siglos.

Las cruzadas de Billy Graham le cambiaron la cara a la Iglesia y el corazón a millones de seres humanos. Así también ha estado haciendo muy recientemente el movimiento de adoración. La historia cristiana del mundo de habla hispana no se puede relatar sin tener en cuenta este hecho. Jesús Adrián Romero es uno de los más puros exponentes de esta corriente restauradora.

No encuentro cómo definir cabalmente este libro. Tal vez como un tratado de teología profunda. Quizás como un relato de los atributos de Dios. Es una obra intensa que si la leemos con un corazón hambriento nos enseñará el camino para "tocar el borde del manto". Y te puedo asegurar una cosa: ¡Virtud vendrá de Él!

Muchas gracias Jesús Adrián, por un libro extraordinario. ¡Tu vida es un libro abierto que nos enseña a Dios!

Le doy una cálida bienvenida a esta obra que bendecirá a cada lector y una vez más le agradezco a mi amigo Jesús Adrián por su fidelidad y compromiso con el Señor.

Alberto H. Mottesi
Evangelista

Prefacio

"¿Cómo es Dios?", me preguntó mi hijo cuando sólo tenía cuatro años. Traté de responderle considerando su nivel de comprensión. En mi respuesta incorporé algunos atributos de Dios usando palabras que él podía entender.

Le dije que Dios era espíritu y que por eso no podía verlo. Traté de explicarle que Dios es eterno y por lo tanto no tuvo principio ni tendrá fin. Le hablé de Su asombroso poder y de cómo había creado los millones de galaxias con sólo decir la palabra.

Para darle seguridad enfaticé en la omnipresencia de Dios, y cómo ésta le permitía estar en todo lugar a la vez y escuchar las oraciones de sus hijos en todo el mundo. Pronto me di cuenta que tratar de contestar a mi hijo su sencilla pregunta no era tan fácil como asumí, y sólo provoqué en él un "alud de porqués" a los que realmente no podía dar respuestas muy satisfactorias.

Después de intentarlo por algunos minutos, terminé diciéndole que Dios era tan grande y tan poderoso que para nosotros, los seres humanos, era muy difícil entenderlo en su totalidad.

Me sentí frustrado en mi esfuerzo de intentar responderle a mi hijo, y a la vez me di cuenta que yo mismo no tenía un concepto íntimo y personal acerca de cómo era Dios. Sólo había aprendido de Él de la misma manera que había aprendido la ley de la gravedad, y otras leyes y conceptos complejos.

Aunque intelectualmente entendía que Dios era una persona, en realidad lo veía como una "fuerza" que dirigía mi vida, más que como un ser con el cual podía tener una relación diaria.

Es obvio que Dios, por su naturaleza infinita y sobrenatural, es difícil de entender, es complejo. Nuestra mente finita tiene una capacidad muy limitada para comprender lo que es Dios, por eso el Padre en su deseo de revelarse y acercarse a nosotros, lo hizo a través de su hijo Jesús, el Verbo hecho carne.

Jesús en forma humana, era la imagen misma de la sustancia de Dios, pero a la vez era como cualquiera de nosotros. Él es el Creador del Universo, pero también es el hijo de un carpintero.

Jesús construyó un puente entre nuestra naturaleza finita y la naturaleza infinita de Dios. Acercó lo lejano, tornó simple lo complejo, hizo a Dios personal y comprensible, aun para la mente de un niño de cuatro años.

Él respondió a la pregunta de mi hijo de la mejor manera posible: "Dios es como yo", dijo a sus discípulos. *El que me ha visto a mí, ha visto el Padre"* (Juan 14:9), les contestó cuando le preguntaron acerca de Dios, el Padre.

Para los judíos de aquellos tiempos, tal declaración sonaba a blasfemia. ¿Cómo podía ser posible que el Dios que habita en luz inaccesible pudiera manifestarse a través de un carpintero tan común y ordinario como la mayoría de ellos?

Cuando nosotros, los adultos, queremos explicarle algo a los niños, lo hacemos de la manera más clara posible; igualmente Dios, para hacernos entender la complejidad de su ser, lo explicó haciendo a su hijo Jesús de la manera más sencilla posible, en lo que a Su humanidad se refiere.

El mensaje de Dios a través de Jesús es sencillo. El apóstol Juan declara que Jesús es el Verbo encarnado. El Verbo, la palabra, es algo que se origina en el pensamiento y en el corazón. El libro de Jeremías declara: *"Porque yo sé los pensamientos que tengo acerca de vosotros, dice Jehová, pensamientos de paz, y no de mal"* (Jeremías 29:1).

Dios quería expresarnos sus pensamientos, los deseos de su corazón, así que encarnó ese pensamiento, esa palabra, en su hijo Jesús. Esa palabra es muy sencilla. Está libre de complicaciones. Algunos han tratado de complicarla, pero es una palabra que todos pueden entender.

Jesús es el pensamiento de Dios. Él es la palabra que Dios tenía en su corazón y quería expresarnos. Por eso, Jesús es la misma imagen de la sustancia de Dios. "Si quieres saber lo que Dios quiere decirte, mira lo que Cristo era y es", dijo Charles Spurgeon.

Te invito a hacer un viaje. Será un recorrido que tal vez ya has transitado. Me gustaría que este libro sirviera de guía para mostrarte algunos puntos de interés que tal vez anteriormente pasaron desapercibidos.

Debo de admitir que ningún guía, por más capacitado que esté, podrá mostrar con total efectividad la belleza de este recorrido, porque es inescrutable. Cuando apenas comencemos a ver algún punto del recorrido que nos ha cautivado, el siguiente ya estará exigiendo nuestra atención.

Este trayecto es para saber quién era y es Jesús, para conocer Su belleza inmensurable y Su gran amor.

Te invito a interpretar nuevamente el mensaje de Dios para ti, que ha sido revelado en la persona de Jesús. Ese mensaje será entendido con más claridad cuando te sientes a la mesa para cenar con Jesús y lo mires a través de Sus ojos.

"He aquí, yo estoy a la puerta y llamo;
si alguno oye mi voz y abre la puerta, entraré
a él, y cenaré con él, y él conmigo."

—APOCALIPSIS 3:20

CAPÍTULO I

Una jornada maravillosa

Hace unos años comencé a reunirme con un grupo de hombres para llevar a cabo una reunión de discipulado. Estos encuentros se realizaban en un restaurante de la ciudad.

La cita era cada viernes a las 7 de la mañana. El objetivo era que el grupo estuviese formado por hombres que realmente sintieran el deseo y la disciplina de caminar la jornada que nos habíamos propuesto. El recorrido del día tenía un destino: "Llegar a conocer a Jesús, el hombre".

La reunión era muy sencilla. Pedíamos café y abríamos las Escrituras en los Evangelios. Durante una hora nos sumergíamos en un estudio sobre la vida de Jesús.

La semana anterior los hombres habían tenido como tarea estudiar algún pasaje de los Evangelios. Ellos trataban de captar todo lo relacionado con Jesucristo; sus enseñanzas, su carácter, sus amigos, su relación con el Padre, su personalidad, sus temores, sus amistades, etc.

Esto hacía que el estudio sobre la vida de Jesús fuera más interesante. Aquellos hombres venían a la reunión con preguntas y comentarios que enriquecían el estudio.

Por un par de años caminamos esta maravillosa jornada, y para mí el destino final fue un nuevo principio. Una nueva etapa dio inicio en mi vida al final de esta jornada. Mi perspectiva acerca de Jesús cambió y junto con ella, mi vida.

Por primera vez empecé a conocer al Dios revelado en Jesús. Por primera vez comencé a mirar a Jesús en una luz diferente. Pude verlo como uno de nosotros; un hombre con una historia como la nuestra: Un nacimiento, un lugar de origen, una familia, un grupo de amigos, una personalidad, una vida, una muerte...

Las escamas cayeron de mis ojos. El Dios distante se acercó. El Dios complejo se hizo simple. Poco a poco se empezó a disipar la nube de conceptos equivocados que no me permitía ver el puente que necesitaba cruzar para encontrarme con el Dios que estaba del otro lado del abismo.

A lo largo de mi vida conocí hombres que me han impactado. Hombres carismáticos, líderes de carácter, visión y determinación, que me inspiraron a crecer. El compartir tiempo con ellos siempre ha sido un privilegio para mí.

Después de estudiar los Evangelios, me sobrecogió un deseo por conocer a Jesús, el hombre. Todos los líderes que conozco fueron eclipsados ante la persona de Jesús. Él se impuso. Él creció y los líderes menguaron.

Una atracción especial

¿Qué había en Jesús que hacía que los hombres le siguieran, que las mujeres le sirvieran y que los niños quisieran estar con Él?

"Nosotros lo hemos dejado todo, y te hemos seguido" (Mateo 19:27), dijo Pedro. Cuando Jesús los llamó fueron atraídos a Él como el hierro al imán.

"Sígueme", le dijo a Leví cuando estaba sentado en el banco de los tributos públicos, *"... y levantándose, le siguió"* (Marcos 2:14).

"Venid en pos de mí, y os haré pescadores de hombres" (Mateo 4:19),

le dijo a Simón y Andrés. *"Ellos entonces, dejando al instante las redes, le siguieron"* (Mateo 4:20).

¿Cómo era posible que hombres adultos con trabajos y responsabilidades, dejaran todo y fueran en pos de aquel que declaró que no tenía donde recostar su cabeza?

¡No sabían que era el Mesías!

¡No sabían que era el hijo de Dios!

Pero aun así le seguían...

Al leer los Evangelios descubrí que le seguían e iban en pos de Él, porque en Jesús había una atracción especial. Él es el prototipo del hombre. Cuando el Verbo fue hecho carne, Dios expresó a través de Jesús la idea que tenía en mente cuando nos creo. Jesús es el resplandor de la gloria de Dios, la imagen misma de Su sustancia, y es a la vez la mayor expresión de lo que significa "ser hombre".

Cualquiera se sentía atraído por Él. Hombres de influencia, religiosos, hombres comunes, niños y mujeres. Aun publicanos y prostitutas se encontraban entre aquellos que pública o secretamente lo admiraban y seguían.

Las peregrinaciones de miles y miles de personas padeciendo cansancio y hambre para verlo y escucharlo, nos muestran la atracción que Jesús provocaba en ellos.

Cientos de años después de haber estado aquí en la Tierra, Jesús continúa cautivando el corazón de las personas. Él es el hombre del año, del siglo, del milenio y de la eternidad.

EN LAS PÁGINAS DE LOS EVANGELIOS

Al seguir estudiando la vida de Jesús, el Hombre, y con el paso de los meses, algo comenzó a suceder en mi espíritu. De repente empecé a verme a mí mismo en las páginas de los Evangelios.

Arriba del árbol con Zaqueo viendo a Jesús venir...

Al lado del leproso mientras caminaba hacia Jesús en medio de la multitud...

Con los niños que querían que Él los tocara...

Entre los oyentes embelesados por sus enseñanzas en el monte de las bienaventuranzas... pero sobre todo me veía a mí mismo en la mesa con Jesús y sus amigos.

En esos días no entendía por qué, el cuadro de las cenas de Jesús y sus amigos me atraía de una manera muy particular, más allá que cualquier otra historia de los Evangelios.

Constantemente repasaba en mi mente como una película, las historias de Jesús y sus amigos en la mesa. Me parecía una escena muy íntima y personal. Sentía que esos momentos eran muy amenos. El círculo de Jesús y sus amigos me resultaba envidiable.

Después de un tiempo me di cuenta que casi siempre me veía a mí mismo como un espectador y no como un participante.

Me sentía fuera del círculo...

"HE AQUÍ YO ESTOY A LA PUERTA..."

El anhelo de sentarme a la mesa con Jesús y compartir el pan con Él, me inundó. El deseo de escucharlo hablar y ser transformado por sus palabras, se volvió mi oración. Quise conocerlo como lo conoció Juan, Pedro, Jacobo... Quise dejar de ser sólo un espectador que leía las historias en los Evangelios. ¡Quería ser un invitado a la mesa! Quería mirarlo a los ojos y escucharlo hablar. Quería sentarme a Su lado y verlo reír. Esa se convirtió en mi oración por algún tiempo. Hasta que me di cuenta que Jesús tenía el mismo deseo. Él quería que yo lo acompañara en la mesa.

Muchas veces a lo largo de mi vida leí el versículo: *"He aquí, yo estoy a la puerta y llamo; si alguno oye mi voz y abre la puerta, entraré a él, y cenaré con él, y él conmigo"* (Apocalipsis 3:20). Pero, por primera vez este texto cobró vida en mi corazón. ¡Él tenía el mismo deseo que yo! Más bien, yo tenía el mismo deseo que Él, porque Él es quien toma la iniciativa. Él es quien llama a la puerta. Él es quien pone en nosotros el querer como el hacer.

Él produjo el anhelo, y hacía mucho tiempo que estaba llamando a mi corazón. Jesús, el Creador de las galaxias, quería sentarse a la mesa y cenar conmigo.

Cenar con Jesús es el nivel más profundo de intimidad y adoración al que, como hijos de Dios, podemos aspirar aquí en la tierra.

DISCIPLINA VS. DELEITE

Por mucho tiempo enseñamos acerca de la oración y la intimidad con Dios, y las hemos manejado como disciplinas. Tengo varias disciplinas en mi vida, pero la verdad es que la mayor parte del tiempo no las disfruto. Se han convertido en hábitos que no dejó de practicar porque sé que me hacen bien, mas no causan en mí el mismo placer que en el comienzo. Pero la relación con Dios no puede ser sólo una disciplina. Dios quiere llevarnos de la disciplina al deleite.

Uno de los peligros de tener una relación con Dios basada sólo en la disciplina y sin pasar al deleite, es desarrollar una actitud de orgullo y legalismo. Esto puede llevarnos al punto de hacer sentir mal a otros porque no han alcanzado el nivel espiritual que nosotros hemos logrado. Pero últimamente aprendí que cuando realmente tenemos una relación íntima con el Señor, no podemos gloriarnos de ella. Si la tenemos, Él tiene el mérito. Él es quien toma la iniciativa.

La realidad es que Jesús siempre toma la iniciativa. Constantemente Él está llamando a nuestro corazón pero no le oímos, y si le oímos, lo rechazamos. El llamado constante de Jesús a nuestro corazón es: *"Ábreme, hermana mía, amiga mía, paloma mía, perfecta mía"* (Cantares 5:2). Pero nuestra respuesta se parece mucho a la de la sulamita: *"Me he desnudado de mi ropa; ¿cómo me he de vestir? He lavado mis pies; ¿cómo los he de ensuciar?"* (Cantares 5:3).

Como en todo vínculo, la relación con Jesús requiere tiempo y dedicación, esfuerzo y sacrificio, y para aquellos que la saben desarrollar, el sacrificio se convierte en deleite. Tener intimidad con Él puede implicar salir un poco de nuestra comodidad y de nuestra rutina. Tal vez su voz se escuche en momentos poco oportunos, cuando estemos descansando o muy ocupados.

¿Has oído Su voz en la madrugada y decidiste dormir más tiempo?

¿Has oído Su voz en medio del ajetreado horario del día, y no pudiste separar tiempo para estar con Él?

Jesús constantemente está llamando a la puerta de nuestro corazón, pero para muchos su voz pasa desapercibida; por eso le dijo a la iglesia de Laodicea: "Si alguno oye mi voz".

LA VOZ DE JESÚS

Algunos tienen dificultad para escuchar o distinguir la voz de Jesús porque no la conocen. En ocasiones, su voz puede ser como un suave y ligero susurro, como el silbido apacible que escuchó Elías.

Pero en estos días hay muchas voces que reclaman nuestra atención, voces estridentes que nos aturden con un sinnúmero de ofertas. Estas voces se vuelven una interferencia que no nos permite oír la voz de Jesús.

Debemos tener cuidado con las voces a las que estamos atendiendo. Muchas de ellas provienen de la oscuridad. Voces que nos llevan al desánimo y la depresión. Voces del enemigo. Una de las principales tareas del enemigo es hablar palabras de acusación en contra de los hijos de Dios (Apocalipsis 12:10).

En tiempos difíciles David oraba: *"Clamo en mi oración, y me conmuevo, a causa de la voz del enemigo..."* (Salmo 55:2-3). La voz del enemigo puede llevarnos a la confusión.

Elías prestó oído a la voz de Jezabel y terminó en una cueva lleno de temor (1 Reyes 19). Días antes, él había experimentado el poder de Dios de una manera sobrenatural.

En el monte Carmelo, Elías actuó como un hombre de fe y poder. A través de su oración, fuego de Dios descendió del cielo, no sin antes burlarse de los profetas de Baal. Poco después, Jezabel le mandó un mensaje que lo hizo temblar y huir. Parece inconcebible, pero la realidad es que Elías prestó más atención a la voz de Jezabel y perdió la perspectiva de quién era Dios.

Entre los momentos más susceptibles en nuestra vida, están aquellos que preceden a un gran triunfo. Todas nuestras victorias como hijos de Dios son una afrenta para Satanás, y no se cruzará de brazos.

Muchos nos dormimos en nuestros laureles después de una gran victoria. Nos gloriamos en nuestros triunfos y nos confiamos demasiado. Pero hacer esto es un gran error, porque después de una gran victoria en nuestra vida, Satanás arremeterá con todas sus fuerzas.

CUEVAS DE TEMOR Y DEPRESIÓN

Jezabel *es* una figura de Satanás, y muchos cristianos prestan oídos a su voz y viven en desesperación y llenos de temor. En innumerables ocasiones han experimentado el poder de Dios, pero luego terminan en "cuevas" presos del temor. Muchas de las referencias a "cuevas" en las Escrituras están asociadas con la habitación o lugar de refugio de aquellos que huyen llenos de temor.

Cuando el pueblo de Israel era perseguido por los madianitas, vivían en cuevas. Cuando el ángel del Señor le habló a Gedeón, estaba sacudiendo el trigo para esconderlo de los madianitas en las cuevas donde vivían (Jueces 6). Las cuevas son un lugar de refugio, pero no para los hijos de Dios, *"... nuestro refugio es el Dios de Jacob"* (Salmo 46:7).

El deseo del enemigo es que nos refugiemos en cuevas que él ha preparado para nosotros, pero esas cuevas son de soledad, oscuridad y temor. Cuevas de depresión y autolástima.

Dios habló a Elías en esa cueva y le preguntó: "¿Qué estás haciendo aquí?". Ese no era el lugar adecuado para un profeta de Dios, como tampoco lo es para ningún hijo de Dios.

Muchos se han refugiado en cuevas en vez de refugiarse en Él. Viven en oscuridad, cuando Dios nos ha sacado de las tinieblas para que vivamos en Su luz admirable. La principal causa de la epidemia de depresión que en nuestros días afecta a muchos cristianos, se debe a que hemos dejado de oír la voz de Dios y estamos escuchando la voz del enemigo.

VOCES INTERIORES

Hay otras voces que provienen de nuestro interior, y que a veces son más poderosas que las exteriores; son voces de desánimo y fatalidad, voces de crítica.

Algunas de ellas son discusiones que se llevan a cabo en nuestra propia mente. Debates interiores con gente que nos ha herido. Con jefes que nos maltrataron, con líderes que nos menospreciaron, con socios que nos defraudaron, con familiares que nos traicionaron.

Algunos han ensayado por años las discusiones que nunca tendrán con la persona que los hirió. Han memorizado argumento tras argumento, sin saber que son voces que debemos de silenciar porque nos hacen daño.

Estos argumentos interiores no nos permiten oír la voz de Dios. Su voz nos dice: "Yo estoy obrando mi perfecta voluntad en tu vida, y utilizaré todas estas cosas que se hicieron contra de ti, y las tornaré a tu favor". Cuando entendamos esto, se acabarán de una vez por todas los debates interiores.

Cuando hemos sido heridos, cuando nos trataron injustamente, cuando nos han traicionado, debemos aprender a confiar en el Señor y descansar en Sus brazos.

DERRIBANDO ARGUMENTOS

En el año 1997 participé de un congreso de jóvenes en la Península de la Baja California, en México. Durante las noches predicaba y el último día daría un concierto.

El segundo día comencé a ponerme afónico. Un médico que participaba en el congreso me revisó y me dijo que sólo necesitaba dejar de hablar, porque tenía la garganta muy irritada. Como no pude hacer eso, mi situación empeoró.

Luego fui a otro congreso en el estado de Tamaulipas, en México. Allí tuvieron que inyectarme algunos medicamentos para poder terminar de dirigir la alabanza, porque mi garganta estaba muy mal. Finalmente regresé a mi casa en Ciudad Juárez.

Luego de la gira mi garganta empeoró al grado de no poder cantar una sola canción. Esa fue la última salida que tuve por espacio de siete meses.

De repente comencé a tener una tos que me provocaba espasmos de laringe, los que me impedían la respiración por algunos segundos. Esto me sucedía varias veces al día y al no poder respirar pensaba que moriría. Pronto comenzó a desarrollarse en mí el temor a la muerte.

Días después me internaron en el hospital porque padecí de un ataque de vértigo en un grado muy elevado. Debido a la combinación del vértigo con los espasmos de laringe, mi situación se veía muy dramática al ser internado, aunque realmente no era tan grave.

Al salir del hospital estuve en cama por algunas semanas ya que el problema de vértigo no desaparecía totalmente. A lo largo de ese tiempo tomé varios medicamentos que no provocaban ninguna mejoría en mí. Para colmo de males consulté a un especialista; un otorrinolaringólogo, que me realizó una laringoscopia, vio mis cuerdas vocales, y dijo que tenía dos nódulos en ellas. Esto daba como resultado que a menos que "metiera cuchillo" (esas fueron sus palabras textuales), no volvería a cantar o hablar en público.

En esos días, si entonaba solamente una canción, quedaba totalmente afónico. Lo mismo me sucedía al hablar por diez minutos. Los meses continuaron pasando y yo seguía enfermo. Aunque me repetía a mí mismo versículos de sanidad y victoria, la sanidad no llegaba.

El enemigo siempre está buscando el momento oportuno para atacarnos. El consejo del apóstol Pablo a los Corintios fue que no ignoraran las maquinaciones del enemigo (2 Corintios 2:11).

La palabra "maquinación" hace referencia a un plan inteligente, a una estrategia planeada. Eso es precisamente lo que Satanás hace. Él planea inteligentemente en nuestra contra.

Uno de los errores más grandes que cometemos como hijos de Dios, es pensar que nuestra vida no tiene relevancia, y que nuestra existencia es fútil. Sin embargo, debemos reconocer nuestra importancia como hijos de Dios, y no ignorar las maquinaciones de Satanás en nuestra contra. Si lo hacemos estamos en peligro de sucumbir a sus ataques.

Al conocer mi desesperación, Satanás aprovechó la situación y comenzó a poner en mí más pensamientos de temor, especialmente a la muerte. Mi temor a la muerte no estaba relacionado con mi destino eterno, más bien era un temor al proceso de morir. Además, me preocupaba mucho pensar qué pasaría con mi esposa y mis hijos si yo moría. (Esta es una señal de no descansar en Dios, y escuchar la voz del enemigo.)

Posteriormente comencé a experimentar ataques de pánico. Sin explicación alguna, despertaba en la madrugada y empezaba a tener problemas respiratorios. Mi ritmo cardiaco se volvía irregular y sudaba mucho. Unido a esto me inundaba un miedo inexplicable que me dejaba paralizado por largo tiempo. Recuerdo que lo único que podía tranquilizarme era entonar en mi mente canciones de adoración.

Fue en esos días, seis meses después que todo había empezado, cuando me senté al piano y empecé a cantar una queja a Dios por mi situación. Cantaba acerca de lo difícil que era para mí la situación que estaba pasando, pero a medida que escribía la canción, el Señor ministraba mi vida. Me mostró Su amor y Su perfecta voluntad en medio de todo lo que estaba sucediendo. Además, me trajo sanidad y restauración, porque una semana después fui a ver a otro especialista, y al revisar mis cuerdas vocales, me dijo que no tenían absolutamente nada. Pronto el temor y los ataques de pánico también desaparecieron.

En ese tiempo descubrí que aun nuestra mente puede volverse nuestro enemigo, cuando la dejamos desviarse. Entendí la importancia de traer cautivos los pensamientos a la obediencia de Cristo. Entendí que el enemigo puede levantar fortalezas de argumentos en nuestra mente cuando no renovamos nuestros pensamientos cada día.

También descubrí que mi corazón conocía más a Dios que mi mente, y fue entonces cuando de esa experiencia surgió esta canción:

Esperar en ti difícil sé que es
Mi mente dice no, no es posible
Pero mi corazón confiado está en ti
Tú siempre has sido fiel, me has sostenido

Y esperaré pacientemente
Aunque la duda me atormente
Yo no confío con la mente
Lo hago con el corazón
Y esperaré en la tormenta
Aunque tardare tu respuesta
Yo confiaré en tu providencia
Tú siempre tienes el control

Cuando apaguemos las voces de desánimo y fatalidad en nuestro interior y dejemos de escuchar la voz del enemigo, nos será más fácil oír la voz de Dios. Entonces, como David, diremos: *"Escucharé lo que hablará Jehová Dios; porque hablará paz a su pueblo y a sus santos, para que no se vuelvan a la locura"* (Salmo 85:8).

En muchas ocasiones escuché a cristianos decir: "Estoy a punto de volverme loco". La solución a esto es muy simple; como dijo David: "Escucharé lo que hablará Jehová". Como cristianos tenemos el privilegio de que nuestro Dios quiera hablarnos, y sus palabras son de paz, de consuelo y de amor.

¿PUEDES DISTINGUIR LA VOZ DE JESÚS?

El apóstol Juan al hablar de Jesús, nuestro pastor, dice que: *"Las ovejas le siguen porque conocen su voz. Mas al extraño no seguirán, sino huirán de él, porque no conocen la voz de los extraños"* (Juan 10:4-5).

Como ovejas debemos de conocer la voz de Dios y desconocer la voz del enemigo. Los expertos en identificar billetes falsos dicen que su forma de adiestrarse es familiarizándose lo más posible con los originales.

¿Puedes distinguir Su voz llamándote en medio de tantas voces?

Se cuenta la historia de un hombre que visitaba el Medio Oriente. Mientras estaba sentado al pie de una montaña, observó a tres pastores que llegaron con sus rebaños a un manantial de agua. Los tres rebaños se juntaron formando uno solo. El hombre pensaba que sería imposible para los pastores distinguir a sus ovejas y separarlas nuevamente. Pero para asombro del visitante, los pastores no parecían estar preocupados.

Después que las ovejas terminaron de beber, cada pastor empezó a caminar por una senda diferente, y mientras lo hacían, cantaban. Un alboroto tomó lugar entre el gran grupo, luego pequeñas filas de ovejas empezaron a formarse y a desfilar detrás de cada pastor hasta que se separaron totalmente en sus respectivos rebaños.

Aunque todos los pastores estaban cantando, las ovejas podían distinguir la voz de su pastor de las demás voces. Identificaban su voz porque lo conocían muy bien. Todas habían crecido escuchándolo cantar en las montañas y los pastos, estación tras estación. Habían estado con él lo suficiente como para distinguir su voz entre muchas.

Sólo cuando pasemos tiempo con Jesús, escuchando Su voz hablar a nuestro corazón, cuando pasemos tiempo en Su presencia, podremos llegar a conocer Su voz y distinguirla de todas las otras que reclaman nuestra atención.

"Y aquel Verbo fue hecho carne,
y habitó entre nosotros (y vimos su
gloria, gloria como del unigénito del Padre),
lleno de gracia y de verdad".

—JUAN 1:14

CAPÍTULO 2

Vimos Su gloria

Cuando el apóstol Juan trata de describir la presencia de Jesús dice: *"Y aquel Verbo fue hecho carne, y habitó entre nosotros (y vimos su gloria, gloria como del unigénito del Padre), lleno de gracia y de verdad"* (Juan 1:14).

¿Qué vio Juan en Jesús que le llevó a hacer esta declaración? Parece estar hablando como alguien que ha sido deslumbrado por la presencia de Jesús, como un amante enamorado que no encuentra cómo describir al objeto de su amor.

La palabra "vimos" nos deja saber que había un consenso entre todos los discípulos, con relación a lo deslumbrante de la presencia de Jesús. Físicamente, Él ya no estaba entre ellos, pero Su presencia los había cautivado tanto que no podían callarlo, tenían que comunicarle a los demás la hermosura de Jesús. *"Lo que hemos visto y oído, eso os anunciamos"* (1 Juan 1:3), dijo el apóstol Juan.

Al decir: "Vimos su gloria..." describe a Jesús como una persona radiante, de la cual emanaba esplendor, magnificencia, majestad y absoluta perfección. Además, parece que Su presencia provocaba gozo, deleite y placer, porque lo describe como "lleno de gracia".

En Jesús había un estado de perfección y excelencia. Una pureza en su mente, libre de pretensión, simulación, falsedad y engaño, porque de acuerdo a Juan, Jesús estaba "lleno de verdad".

Aunque el mundo entero está bajo el maligno, que es padre de mentira, en el mundo también estamos rodeados de verdad. La mayoría de la gente conoce de alguna u otra manera, cierta verdad.

Mucho de lo que se enseña en escuelas y universidades tiene que ver con la verdad. Todas las religiones del mundo poseen algún grado de verdad y la practican. En los hombres hay verdad porque somos creación de Dios y Él imprimió verdad en nuestro corazón y mente. En toda la Creación podemos ver la verdad de Dios.

La verdad se origina y termina en Dios. Él es el creador de la verdad, y ésta siempre será de Dios aunque salga de la boca del diablo. Satanás conoce la verdad y la cree, al grado de temblar cuando piensa en ella; pero el conocimiento intelectual de la verdad no es suficiente.

Podemos entender la verdad, podemos conocer toda la teología del mundo, y entender el plan de Dios, podemos aun manejar con destreza la verdad, pero esto no nos saciará. Viviremos en esclavitud, porque el conocimiento de la verdad intelectual, es verdad a medias.

Jesús dijo: *"Y conoceréis la verdad, y la verdad os hará libres"* (Juan 8:32). Pero al hablar de la verdad no se refería sólo a una verdad intelectual, Él hablaba de sí mismo, porque declaró: *"Yo soy... la verdad"* (Juan 14:6).

Sólo cuando conozcamos la verdad en la persona de Jesús, nuestro corazón la captará. Sólo cuando conozcamos la verdad en la persona de Jesús, seremos verdaderamente libres.

UN DESTELLO DE JESÚS

La descripción de Juan nos permite entender por qué miles de personas caminaban largas horas para ver y escuchar hablar a Jesús. Muchos querían tener por lo menos un destello de Él, por eso Zaqueo quería verlo y rompió con toda norma para hacerlo, pero al final vio mucho más que un simple destello (Lucas 19:1-9).

Como era bajo de estatura, Zaqueo tuvo que correr para adelantarse a la multitud que no le permitía ver a Jesús. De acuerdo con las costumbres judías, no era correcto que un hombre adulto corriera, esto iba en contra de las reglas sociales. Los niños podían correr, los adolescentes también podían, ¡pero no un adulto! ¡No era bien visto! Sin embargo, Zaqueo quería ver a Jesús, y no sólo corrió sino que terminó subiéndose a un árbol para poder hacerlo.

A veces actuamos con mucho recato cuando se trata de demostrar nuestro anhelo y amor por el Señor. La demostración de afecto y entusiasmo hacia Él en ocasiones es muy escasa. Necesitamos aprender del ánimo y el entusiasmo que tomó posesión de Zaqueo.

Hace algunos años, en la ciudad de Los Ángeles, un anciano se levantó en la mañana, y se subió a un árbol. La familia, preocupada por él, y no queriendo que sufriera algún accidente, le suplicaba que por favor se bajara del árbol, pero él no se movía de la rama en la que estaba sentado.

De alguna manera, los medios de comunicación fueron avisados acerca de lo que estaba sucediendo y pronto las cámaras de televisión llegaron al lugar y comenzaron a transmitir la imagen del anciano arriba del árbol.

Me pareció extraño que la televisión estuviera brindando tanta atención a un hombre arriba de un árbol, habiendo tal vez noticias más importantes que cubrir. Pero al pensarlo un poco, me di cuenta que lo que sucedía era realmente muy cómico.

En nuestros tiempos tampoco es normal que un adulto se suba a un árbol. ¿Qué pensarías si el día de mañana te levantas y encuentras a tu abuelita arriba de un árbol? Nunca supe el desenlace de la historia del anciano en la ciudad de Los Ángeles, pero que estuviera arriba de un árbol, era suficiente conclusión.

Esto fue exactamente lo que Zaqueo hizo. Su actitud era cómica. Tal vez por lo bajo de su estatura, sus piernas cortas se verían muy graciosas cuando se movían a toda velocidad. Cuando lo imagino subiéndose al árbol, no puedo evitar tener en mi mente la imagen de un oso panda trepándose. Si en esos días hubiera habido televisión, seguramente hubieran transmitido las peripecias de Zaqueo.

Los niños cantan la canción de Zaqueo y todos hemos escuchado la historia, pero pocos entendemos lo que sus locuras implicaban. Jesús estaba pasando por la ciudad y Zaqueo quería verlo. Algunos necesitamos un poco de la locura de Zaqueo, si realmente queremos ver al Señor. Algunos necesitan "subirse a un árbol", es decir, mostrar un poco de entusiasmo por Dios.

De hecho, la palabra "entusiasmo", en su raíz "entheos", significa "ser inspirado por Dios" o "poseído por Dios". Zaqueo realmente estaba entusiasmado. Algunos necesitan salir un poco de su área de seguridad y confort para demostrar su anhelo por el Señor.

Cuando dirijo a otros en alabanza y adoración, no hay nada más inspirador que ver a un pueblo entusiasmado por Dios. De la misma manera, no hay nada más frustrante que ver a un pueblo sin afecto por Dios, especialmente cuando ocupan las primeras filas en las noches de alabanza y adoración.

Creo que debería de haber una regla: "Sólo los entusiasmados por Dios pueden ocupar las primeras filas en las reuniones". Imagino que todos los pastores estarían contentos con esta regla. Personalmente, esto me haría muy feliz.

VOLVIENDO A NUESTRO AMIGO ZAQUEO...

En el corazón de Zaqueo se había desarrollado un gran anhelo por ver a Jesús, y de acuerdo a la historia, no le importaba el precio.

¿Qué le habrían contado a Zaqueo acerca de la presencia de Jesús?

¿Qué decía la gente de este Predicador galileo, que lo impulsó a subirse a un árbol para poder verlo?

¿Qué le había dicho Leví, el publicano que dejó el banco de los tributos para seguirle?

"¡Su presencia me atrajo!

¡Sus palabras me dieron esperanza!

¡Su mirada me cautivó!

Cuando me dijo: 'Sígueme', ¡todo lo demás perdió importancia!

¡Estar con Él un día es mejor que mil disfrutando las riquezas del mundo!

Zaqueo, ¡Necesitas conocerlo!"

Tal vez arriba de aquel árbol, Zaqueo fue víctima de la burla y el menosprecio. Pero no le importó. A esa altura tenía una vista panorámica. A lo lejos veía moverse la figura de Jesús en medio de la multitud. Al verlo aproximarse, su corazón palpitaba con una fuerza que parecía provocarle dolor, pero el dolor se convirtió en deleite. Lo observó con detenimiento. Los niños lo tocaban y Jesús les sonreía. Los hombres caminaban a su lado como con deseos de ser vistos por los demás, las mujeres comentaban entre ellas mientras volteaban a ver a Jesús.

De repente, Jesús se encontró debajo de aquel árbol, y miró a Zaqueo a los ojos. Con excepción de su familia, nadie lo miraba a los ojos; mas bien las personas esquivaban su mirada. Su profesión era una afrenta para el pueblo de Israel, y aunque era judío, se sentía como un extranjero menospreciado por su propia nación. El ser publicano lo había hecho formar parte de una categoría despreciable: la de *"Publicanos y rameras"*. Sin embargo, este Hombre lo miraba con amor y aceptación.

Cuando Aquel, en el cual está la plenitud, pone sus ojos sobre nosotros, nuestra vida es cambiada, por eso David oraba: *"...pon los ojos en el rostro de tu ungido"* (Salmo 84:9).

Lucas nos cuenta que la noche que Pedro negó al Señor tres veces antes de que el gallo cantara, se encontraba en el patio de la casa del sumo sacerdote, y cuando lo negó: *"... vuelto el Señor, miró a Pedro... Y Pedro, saliendo fuera, lloró amargamente"* (Lucas 22:61-62).

Seguramente la mirada de Jesús estaba llena de perdón y gracia; y el mensaje que Jesús envió a Pedro, después de Su resurrección, nos muestra que Él lo había perdonado.

Cuando por alguna razón hemos desobedecido, sólo tenemos que buscar Su mirada que nos quiere llevar al arrepentimiento. El enemigo tratará de convencernos que estamos perdidos, pero Su mirada nos dice que hay perdón y gracia abundante.

Cada noche cuando estoy en casa, bendigo a mis hijos antes de dormirse. Y mi bendición sobre ellos siempre incluye el pedir que la mirada del Señor esté sobre sus vidas.

La bendición sacerdotal dice: *"Jehová haga resplandecer su rostro sobre ti"* (Números 6:25). Ninguna bendición se puede comparar a esta. Cuando Él nos mira, y Su rostro resplandece sobre nosotros, ve nuestra necesidad y la suple. Cuando Él nos mira, Su luz nos inunda de tal manera que podemos ver Su voluntad y propósito para nuestra vida. Cuando Jesús vio a Zaqueo, algo sobrenatural comenzó a suceder en él. Arriba de aquel árbol, era un hombre en proceso de transformación.

Jesús no solamente lo miró a los ojos, también lo llamó por su nombre. Se dice que la palabra más agradable al oído de las personas es su propio nombre, pero cuando ese nombre es pronunciado por la boca de Jesús es aún más agradable. Ahora, Jesús estaba pronunciando el nombre de Zaqueo, y luego se invitó a su casa.

"MI CASA ES SU CASA"

¿Alguna vez has tenido en tu casa a algún invitado tan especial, que tu casa se vuelve su casa?

En México es común decir: "Mi casa es su casa". Es una expresión amable con el fin de hacer sentir a alguien bienvenido. Aunque realmente nuestra casa sigue siendo nuestra, cuando alguien importante nos visita, nuestra casa se vuelve su casa.

Desde que el invitado llega tratamos de que todo sea de su agrado. Sus deseos son nuestras órdenes. Ajustamos la temperatura ambiental a su agrado. Al preparar la cena nos olvidamos de nuestros gustos y nos enfocamos en los del invitado; su dieta, lo que come y lo que no come. Si va a quedarse en nuestra casa por unos días, le damos lo mejor que tenemos, hasta nuestra recámara, y nosotros terminamos en el cuarto de huéspedes.

Sin demandarlo, el invitado llegó y tomó control de nuestra casa. Se volvió el centro de todo. Hay un dicho en inglés que traducido dice algo así: "El castillo de un hombre es su propia casa". Esto es cierto. En su casa el hombre se siente rey. Allí está su dominio, excepto cuando tiene un invitado muy especial. Entonces todo cambia.

Cuando Jesús entró a la casa de Zaqueo, me imagino que Zaqueo se sentiría como el invitado. Tal vez estaba acostumbrado a recibir todas las atenciones, pero en esa oportunidad las cosas eran distintas. Jesús había entrado a su casa.

Cuando la presencia de Jesús llena nuestra vida o nuestra casa, nos inunda de tal manera que toma el control sin tener que pedirlo, o sin tener que dárselo. En la mayoría de nuestras reuniones públicas actuamos como que si el Señor fuera el invitado y nosotros los anfitriones. Nos olvidamos que estamos en Su casa, e inclusive le cantamos "bienvenido a este lugar".

Pero cuando Su presencia realmente inunda nuestras reuniones, nos damos cuenta que nosotros somos los invitados, y que Él es el anfitrión porque toma control de todo. Nos olvidamos del horario, hacemos a un lado el programa, y por cualquier movimiento que necesitamos hacer, nuestra principal preocupación es: "¿Será del agrado del Señor?".

También es cierto que cualquier lugar que fue inundado por Su presencia, se vuelve Su casa. Por eso Jacob, después de haber experimentado la presencia de Dios en el campo, teniendo como almohada una piedra dijo sobre el lugar: *"No es otra cosa que casa de Dios, y puerta del cielo"* (Génesis 28:17).

En el caso de Zaqueo, su casa se volvió la casa de Dios, y la presencia de Jesús lo transformó; y en Su presencia el corazón más duro será transformado.

LA LUZ DE LOS HOMBRES

Juan dice acerca de Jesús: *"En Él estaba la vida, y la vida era la luz de los hombres"* (Juan 1:4). Por eso la gente quería estar con Él. Por eso los discípulos habían dejado todo por seguirle. ¡Él es la luz!, no un reflejo de ella, no una versión difusa de luminosidad. ¡Él es la luz!

Hay tanta oscuridad en los hombres, tanta confusión, tanta falta de dirección y sentido, pero Jesús es la luz de los hombres. En Él podemos encontrar dirección y sentido.

Cuando está en nosotros, Su luz nos llena. Los rincones más escondidos de nuestra alma son alumbrados con Su presencia, y los pecados más escondidos son revelados para arrepentimiento. Aun como hijos de Dios, a veces vivimos en oscuridad. Especialmente cuando se trata de discernir la voluntad de Dios para nuestra vida.

"¿Cómo descubrir la voluntad de Dios?", es una de las preguntas más frecuentes, pero la respuesta es muy sencilla. Cuando tenemos comunión con la luz, todas nuestras dudas son disipadas y podemos ver claramente Su voluntad.

En medio de tanta oscuridad los discípulos vieron la luz en Jesús. Nunca antes habían conocido a un hombre que fuera la luz y la verdad misma encarnada. Nunca antes alguien había conducido y hablado con la autoridad y sabiduría con la que Jesús lo hacía. Es por eso que los discípulos no podían imaginarse sin Él.

Cuando conocemos a Jesús encontramos todo lo que nuestro corazón necesita, lo demás pierde importancia. Empezamos a vivir sólo para Él. Él "echa a perder" nuestra vida, porque si le dejamos, ya no funcionamos, sin Él nos morimos, nos secamos. Si lo conocemos y luego lo dejamos, ya no tenemos a donde ir.

Este entendimiento llegó a mi corazón el día que en adoración escribí:

Si decidiera negar mi fe
Y no confiar nunca más en Él
//no tengo a donde ir//
Si despreciara en mi corazón
La santa gracia que me salvó
//no tengo a donde ir//
Convencido estoy que sin tu amor se acabarían mis fuerzas
Y sin ti mi corazón sediento se muere, se seca
//Cerca de ti yo quiero estar
De tu presencia no me quiero alejar//

Lo he dicho en muchos conciertos y lo repito: "Si yo decidiera negar mi fe y no confiar más en Jesús, no tengo a donde ir".

Si dejara a mi Señor, no puedo regresar con mi esposa, porque mi relación con Pecos gira alrededor de la persona de Jesús. Todo lo que mi esposa y yo hacemos, vivimos, y planeamos, gira alrededor de la persona de Jesús.

Si negara mi fe no puedo regresar con mis hijos. Tengo tres niños, Adrián de once años, Jaanai de ocho y Melissa de seis. Si negara mi fe no puedo regresar con ellos porque nuestra relación gira alrededor de la persona de Jesús. Todo lo que ellos conocen acerca de mí, tiene que ver con Jesús.

Ni siquiera podría regresar a Ciudad Juárez, Chihuahua, donde vivo, porque aun mi vínculo con esta ciudad gira alrededor de la persona de Jesús. Vivo allí porque el Señor me llevó a servirle hace ocho años.

Jesús es mi todo, la vida sin Él deja de ser vida y se vuelve una existencia vacía y fútil. Antes de conocerle era un "hippie" greñudo, vago y sin futuro, que empezaba a experimentar con drogas, pero su amor me cambió y ahora no puedo ni siquiera imaginar mi vida sin Él.

¿A QUIÉN IREMOS?

Dos mil años antes de que yo lo cantara, alguien más había llegado a este conocimiento. El día que las multitudes dejaron de seguir a Jesús y se fueron, porque la palabra que había predicado se les hizo muy dura, solamente quedaron los doce. Y la Biblia relata que Jesús se dirige a ellos y diciéndole: *"¿Queréis acaso iros también vosotros?"* (Juan 6:67).

Pero Pedro respondió como un hombre cuya vida giraba alrededor de la persona de Jesús. *"Señor, ¿a quién iremos? Tú tienes palabras de vida eterna"* (Juan 6:68). Pedro estaba diciendo: "Señor, si te dejamos, no tenemos a donde ir, ya no hay lugar para nosotros. ¿No ves que hemos dejado todo por servirte?".

Sin duda, Pedro tenía a donde ir, su casa, su familia, sus barcas, pero él había experimentado lo mismo que muchos de nosotros. Cuando lo conocemos y lo dejamos, ya no tenemos a donde ir.

Si puedes imaginar tu vida sin Él, no lo has conocido.

Si aún estimamos nuestra vida como preciosa, no lo hemos conocido.

Si aún estimamos nuestras posesiones como imprescindibles, ¡no lo hemos conocido!

Por eso el joven rico se fue triste, porque tenía muchas posesiones. Si hubiera conocido al que le estaba pidiendo que vendiera todo lo que tenía, no lo hubiera pensado dos veces.

Jesús es el tesoro escondido...

Jesús es la perla de gran precio...

Cuando lo descubrimos, por Él vendemos todo. Por Él perdemos todo y no escatimamos nada.

Desde que conocí a mi esposa le he escrito cuatro canciones de amor, pero desde que conocí al Señor le he escrito alrededor de ciento cincuenta. Amo más al Señor, y mi esposa está de acuerdo con este arreglo, porque ella también lo ama más que a mí. Jesús me ha cautivado, pero también ha cautivado a mi esposa. Ningún hombre en la tierra, por más carisma y atractivo físico que posea, se compara a Él.

Cuando pienso en Jesús, y luego lo comparo con los hombres me doy cuenta que Dios dejó caer sólo una gota de su gracia sobre nosotros, porque nos creó a Su imagen. Cualquier atractivo físico, cualquier don o habilidad, es solo una gota de esa gracia.

De hecho, cuando pienso en mi persona me doy cuenta que esa gota de gracia sobre mi vida, hizo que mi esposa se fijara en mí y que me ame. Esa gota de gracia hizo que tenga amigos que me aceptan. Esa gota de gracia ha hecho que haya personas que crean en el ministerio que Dios ha puesto en mis manos a pesar de mis defectos. Sólo por una gota de su gracia.

TOMANDO DE SU PLENITUD

Lo más maravilloso de esta verdad es que Juan dice que de Su plenitud tomamos todos. Cada día podemos tomar más de Su plenitud y ser más como Él, *"hasta que Cristo sea formado en vosotros" (Gálatas 4:19)*, dijo el apóstol Pablo, y ser *"... transformados de gloria en gloria en la misma imagen"* (2º Corintios 3:18).

¿Has tomado hoy de Su plenitud?

> *Cuando el mundo me agobia con su afán,*
> *Y me inunda la fatalidad,*
> *Necesito sentarme a Sus pies y tomar de Su plenitud*
> *Cuando las preocupaciones me roban el gozo y la paz*
> *Y dejó de ser de bendición a los demás,*
> *Necesito venir a la mesa y tomar de Su plenitud.*

Cuando siento que mi ministerio se seca,
Y que mis canciones son huecas,
Necesito tomar de Su plenitud.
Cuando se ha secado mi corazón,
Y mis predicaciones carecen de unción,
Necesito venir ante Él y tomar un poco de Su plenitud.

Sólo una gota será suficiente para romper todo yugo que el mundo nos ha impuesto. Pero Él quiere darnos más que una gota; Él dijo a la multitud en el último y gran día de la fiesta de los tabernáculos: *"Si alguno tiene sed, venga a mí y beba. El que cree en mí, como dice la Escritura, de su interior correrán ríos de agua viva"* (Juan 7:37-38).

Él quiere saciarnos de Su plenitud.

¡Ven a beber de Él!

*"Eres el más hermoso de los
hijos de los hombres, la gracia
se derramó en tus labios"*

—Salmo 45:2

CAPÍTULO 3

El más hermoso

La "Industria de la belleza" es una de las más prosperas. Cirugías plásticas, gimnasios, dietas, ropa de moda, cosméticos, tratamientos, etc., son sólo muestras de la búsqueda incansable de la belleza.

La belleza es además uno de los temas que más literatura produjo mundialmente. El arte, incluyendo el cine, está basado gran parte en la fascinación que tenemos por la belleza.

En toda relación de pareja lo primero que llama la atención es la belleza de la otra persona. Aunque insistamos en decir que lo más importante es lo que hay en el corazón o la belleza interna, inicialmente somos atraídos por la belleza exterior.

Cuando conocí a mi esposa no fui atraído por su buen corazón; en ese momento ni siquiera pensé si lo tenía. Realmente fui atraído por sus ojos, su sonrisa, su cabello, su figura.

Con el paso del tiempo empecé a conocer la belleza interna de mi esposa, y ésta vino a complementar su belleza externa. A los seres humanos nos atrae tanto la hermosura porque fuimos creados a la imagen y semejanza de Dios. El modelo perfecto fue utilizado para crearnos. Cada vez que vemos a alguien, buscamos y admiramos la hermosura, la imagen de Dios en él.

Pero la imagen de Dios en el hombre ha sido diluida por el pecado, y aun el concepto de la hermosura ha sido distorsionado porque no conocemos el modelo de la belleza. Por lo tanto, sólo cuando conocemos a Jesús llegamos a descubrir lo que la belleza realmente es.

DAVID LA DESCUBRIÓ

David era un hombre con "ojos espirituales". Él había visto la hermosura del Señor. Después que David "vio" al Señor, quedó atrapado de tal manera que su deseo era habitar en la casa de Dios para contemplar Su hermosura.

Como rey, David era un hombre de mucha importancia y poder. Tenía todo tipo de lujos y riqueza. En el palacio vivía rodeado de sirvientes que cumplían todos sus deseos, pero eso no lo saciaba. Anhelaba estar todos los días en la casa del Señor, como un sacerdote.

El anhelo de David se había convertido en una oración y una necesidad. *"Una cosa he demandado a Jehová, ésta buscaré; que esté yo en la casa de Jehová todos los días de mi vida, para contemplar la hermosura de Jehová"* (Salmo 27:4). Su deseo no sólo era una oración, también era una búsqueda constante en oración y adoración.

A veces la belleza de la creación de Dios nos deja asombrados:

El firmamento en una noche con cielos despejados...

El ocaso tras el horizonte, o el crepúsculo de una mañana de primavera...

Un arco iris de peces nadando por un arrecife...

La extensión de campos verdes en medio de un gran valle...

La armonía perfecta de los cuerpos celestes...

Lo maravilloso del cuerpo humano...

La creación es sólo un mensajero. Nos cuenta acerca de la hermosura del creador. Nos habla de un Dios perfecto y maravilloso, hermoso e incomparable.

Si la creación, que es sólo un mensajero nos deja sin aliento, ¿qué nos provocará la hermosura de Dios?

David nos deja entrever lo que la hermosura de Dios provoca cuando dijo: *"...para contemplar la hermosura"*.

La palabra "contemplar" hace referencia a estar viendo algo y quedar extasiado. No es sólo dejarnos maravillados o sin aliento, como cuando vemos un atardecer, va más allá. Quedar extasiados es una experiencia que nos transporta a un estado de conciencia no conocido, que nos hacer perder la noción del tiempo y el espacio. Es un momento en que todos nuestros sentimientos son absorbidos por aquello que estamos contemplando. Por eso David quería estar todos los días en la casa de Jehová.

El salmo 45 dice que Jesús es él más hermoso de los hijos de los hombres, pero la hermosura a la que el salmo se refiere, y que Juan describe tan maravillosamente al hablarnos de Su gloria, es diferente a la hermosura que los seres humanos tradicionalmente conocemos.

Para nosotros, la belleza tiene un enfoque muy limitado y casi siempre está relacionada con la armonía física y estética. Las películas y las revistas exaltan la simetría de un rostro o un cuerpo.

Jesús era hermoso, pero la hermosura de Jesús abarcaba todo su ser. Todo lo que emanaba lo rodeaba de una hermosura extraordinaria, por eso la gente quería estar con Él.

Rebosa mi corazón con palabras de amor
Dirijo al Rey mi canción postrado en adoración
Mi lengua quiere expresar lo que hay en mi corazón
Y no hay palabras Jesús, para expresar mi atracción

Sobre ti, la gracia se derramó sobre ti
Eres el más hermoso de los hijos de los hombres
Sobre ti, la gracia se derramó sobre ti
Eres el más hermoso, eres el más deseado
Porque sobre ti la gracia se derramó

Como hombre, Jesús correspondía a los parámetros de lo "común", lo "ordinario" pero lo "extra" en lo ordinario de su persona tenía que ver con los atributos de Su carácter. ¡Él era extraordinario! Él estaba lleno de gracia y hermosura. Jesús era hermoso porque era santo, puro y sin mancha.

La hermosura de la santidad

El concepto *"La hermosura de la santidad"* (Salmo 29:2), es algo difícil de entender, porque la mayoría de nosotros no tenemos ojos para ver más allá de lo físico, pero...

La pureza es belleza. La santidad es hermosura sin par. La santidad hermosea el rostro más áspero.

Los primeros discípulos tuvieron el privilegio de contemplar cada día esa hermosura en Jesús. Las personas se sentían atraídas por la santidad que había en Él, pero no me refiero al sentido de la santidad que se manejaba en los tiempos antiguos.

Para los judíos de esa época, la santidad tenía que ver con la observación escrupulosa de la ley, las tradiciones, y las costumbres que gobernaban la vida religiosa.

De manera similar en nuestros días, al oír la palabra "santidad" la gente inmediatamente la asocia con religiosidad y legalismos. Pero la santidad de Jesús era diferente. Era santo porque en Él no había señales de maldad. Era inocente. Era el único que podía recibir el título de *"Cordero de Dios, que quita el pecado del mundo"* (Juan 1:29).

La Biblia dice que cada uno es tentado de acuerdo a su propia concupiscencia. El diablo conoce cuáles son las áreas en las que somos débiles, pero con Jesús, el diablo "se topó con piedra". No encontró en Él ningún área de concupiscencia, porque Jesús era y es santo.

Nadie puede decir como Jesús: *"...viene el príncipe de este mundo, y él nada tiene en mí"* (Juan 14:30). Anteriormente Jesús había vencido al diablo en el desierto. Satanás puso delante de Él varias tentaciones, y Jesús salió victorioso de cada una de ellas. Después de haberlas vencido, la Biblia dice que: *"El diablo entonces le dejó"* (Mateo 4:11).

El enemigo se dio por vencido, no pudo hacerlo caer, y por eso lo dejó. Santiago aprendió muy bien esta lección de la vida de Jesús, y por eso nos aconseja: *"Someteos, pues, a Dios; resistid al diablo, y huirá de vosotros"* (Santiago 4:7).

Cuando Jesús resistió, el diablo salió huyendo porque no lo pudo hacer caer. Esta era la santidad que había en Jesús: *"...nunca hizo maldad, ni hubo engaño en su boca"* (Isaías 53:9). Por esa razón, Satanás no tenía nada en Él.

De acuerdo a las palabras de Jesús, Satanás ahora estaba listo a lanzar un nuevo ataque que se llevaría a cabo en la cruz. Pero Jesús estaba seguro de su inocencia; ni aun Pilato halló maldad en Él. Y cuando lo trajeron ante su presencia declaró: *"Yo no hallo en él ningún delito"* (Juan 18:38).

Jesús sabía que en Él no había ningún tipo de pecado y que nuevamente saldría victorioso. Y cuando se levantó de la tumba, lo demostró.

Su hermosura atrae

Su santidad lo hacía hermoso, y aunque era santo, los pecadores querían estar con Él. Era santo, y sin embargo los publicanos y rameras se sentían bien a su lado. Era santo y en cierto modo tenía la reputación de "hombre comilón y bebedor de vino" (Lucas 7:34). La hermosura de Jesús también radicaba en Sus atributos: bondad, amor, aceptación, y gracia, emanaban de Él.

Cuando fue invitado a la casa de un fariseo a cenar, una mujer de la calle sintió la libertad de acercarse a Él. ¡Qué cuadro tan lleno de gracia! La hermosura, la santidad y la gracia en Jesús atrajeron a esta mujer hasta llegar a la mesa donde Él estaba sentado.

Aunque no estaba incluida en la lista de los invitados, se las ingenió para llegar al lugar donde se encontraba Jesús.

Una vez allí no se sintió digna de mirarlo a los ojos. Así que llegó por detrás, se postró a sus pies y como una niña empezó a llorar. Era tanto el llanto, que los pies de Jesús estaban bañados por sus lágrimas, y terminó secándolos con sus cabellos.

Cuando estamos delante de Él y contemplamos Su hermosura, descubrimos nuestra condición de pecado y experimentamos la gracia y el perdón; entonces nuestro corazón se desborda de agradecimiento:

Vengo a rendirme a tus pies, agradecido Señor,
Me perdonaste, cambiaste mi corazón.
Tu vida diste por mí en una muerte tan cruel
Porque me amaste, siendo yo un vil pecador.
Quiero postrarme ante ti, Jesús y en silencio.
Reconocer que tu amor por mí no merezco.

Mi Jesús, mi amado.
Quiero postrarme ante ti para adorar
Mi Jesús, mi amado
Quiero regar con mis lágrimas tus pies.
Quiero besarlos y así permanecer
Y derramar ante ti todo mi ser.

Esta era una mujer de la calle, y tal vez había adornado sus cabellos para salir a "trabajar". Quizás había maquillado su rostro para lucir lo mejor posible, pero ahora lo estaba estropeando todo. El maquillaje le corría por sus mejillas, sus cabellos se habían enredado, y parecía una mujer en estado de ebriedad. Los planes que esta mujer tenía para esa noche fueron radicalmente cambiados. La presencia de Jesús la hizo olvidarse quién era.

Cuando estamos delante de Él, Su presencia nos intoxica. Su hermosura nos entorpece y nos hace olvidar el estilo. Su gracia nos hace perder la compostura. Cuando experimentamos Su presencia nos olvidamos de toda etiqueta y reglas sociales.

Siempre he sido una persona cuidadosa, trato de mantener una vida equilibrada. Soy formal y reservado, rutinario y metódico. Uso el mismo tipo de ropa, me alimento con una dieta equilibrada, corro ocho kilómetros cinco o seis veces a la semana, tomo mis vitaminas diariamente. Difícilmente cambio los hábitos que me ha tomado mucho tiempo desarrollar, pero ante Su presencia he perdido el estilo, perdí el equilibrio y la compostura. Quedé irreconocible.

Durante una reunión en mi congregación, esperaba sentado mi turno para predicar cuando la presencia de Dios me inundó. Es difícil explicar lo que sucedió, sólo puedo decir que nuestro cuerpo no está hecho para contener la hermosura de Su presencia.

Algo comenzó a sucederme. Dentro de mi vientre comenzó a

producirse un "tic nervioso" que no podía controlar. Parecía que cada veinte segundos alguien tiraba de algún nervio en mis entrañas que me provocaba una contracción y tenía que agacharme.

Aunque trataba de disimular un poco la experiencia para que las cuatro mil personas que estaban sentadas detrás de mí en la congregación no notaran lo que me estaba sucediendo, era imposible evitarlo. Cuanto más trataba de controlarlo más me sucedía.

Unido a estas contracciones nerviosas o musculares, nació una compunción en mi corazón que me provocaba un llanto que no podía contener. Así que lloraba sentado en la primera fila, mientras que alguien daba los anuncios de la iglesia, para que luego yo pasara a predicar.

Marcos Richards, uno de los pastores en la congregación notó mi condición y se acercó a preguntarme si todo estaba bien y si creía que podría predicar. Intenté controlarme y le dije que sí. Pero cuando llegó el momento de pasar a predicar, ya había perdido completamente la compostura y me había convertido en un espectáculo. Apenas podía mantenerme en pié.

Pasé a la plataforma como pude, tomé el micrófono, y Marcos tuvo que sostenerme mientras trataba de hablar, pero las palabras me salían con mucha dificultad. Sólo pude hablar un par de minutos, no sé qué dije, pero creo que ha sido la mejor predicación que expuse en toda mi vida. Porque al hacer el llamado, la gente corría a la plataforma y caían llorando de rodillas, mientras otros gritaban en señal de arrepentimiento.

Creo que tuvimos un tiempo de ministración que duró alrededor de tres horas. Mis ojos estaban hinchados y rojos de tanto llorar. Mi pelo estaba despeinado. Mi corbata chueca. Mi traje arrugado y mojado. Pero me sentía en la gloria.

A la mujer pecadora tampoco le importó cómo lucía. Perdió la compostura. Sin embargo, la presencia de Jesús valió la pena. ¿Cuándo fue la última vez que perdiste el estilo por estar en la hermosura de Su presencia?

Derramando nuestras emociones

Después de llorar por un tiempo, esta mujer de la calle tomó un frasco de alabastro con perfume y lo quebró, derramándolo sobre Jesús. El valor de ese vaso con perfume equivalía a un año de salario. No era una baratija, no le estaba entregando al Señor las sobras. Le dio lo mejor que tenía.

El Evangelio según San Marcos dice que algunos se enojaron y dijeron que tal demostración de amor por el Señor era exagerada. ¿Por qué será que está permitido emocionarnos por cosas de valor temporal, pero cuando nos emocionamos por el Señor, lo consideramos una exageración?

Nadie critica a un joven cristiano por emocionarse frente a un gol hecho por su equipo de fútbol preferido, pero cuando nos emocionamos por el Señor, lo consideramos "carnal".

No sé cuando, pero en algún momento de la historia de la Iglesia, alguien enseñó que toda expresión física, toda demostración de afecto al Señor que involucrara movimiento de nuestro cuerpo, era del diablo. Hubo momentos en la historia de la Iglesia en los que si alguien aplaudía o levantaba sus manos durante una reunión, le pedían que se detuviera o lo sacaban fuera del edificio.

Esta enseñanza marcaba una separación entre "la carne" y el espíritu. Al decir carne, no me refiero a la naturaleza pecaminosa del hombre, sino a nuestro cuerpo. Esta lección comenzó a señalar una separación de la carne y el espíritu que no es bíblica. No lo es porque no podemos separar nuestro cuerpo de nuestra alma o de nuestro espíritu. Dios nos creó seres integrales, lo que sentimos en el alma se manifiesta en nuestra carne a través de diferentes movimientos y gestos.

La mayoría de las personas gesticulan mucho al hablar. A través de los gestos demostramos enojo, alegría, amor, apatía, indiferencia, paz, etc. Dios nos hizo seres expresivos y nos dio un vehículo para expresar nuestras emociones, el cuerpo.

¿No deberíamos expresar nuestro amor o nuestra emoción por el Señor a través de nuestro cuerpo? ¿Por qué tenemos que esconder nuestros sentimientos hacia Él?

El primer mandamiento demanda que demostremos nuestro amor al Señor haciendo uso de todo nuestro ser y emociones. El salmista David decía: *"Mi corazón y mi carne cantan al Dios vivo"* (Salmo 84:2).

¿Alguna vez escuchaste a alguien decir: "Te estás moviendo en la carne"? Es que no podemos movernos de otra manera, solamente con nuestra carne. Creo que en nuestros días David no sería aceptado en muchos círculos cristianos, porque se le consideraría muy "carnal", ya que alababa al Señor con su carne.

LO TENGO POR BASURA

Cuando la mujer pecadora derramó el perfume, algunos también dijeron que era un desperdicio. Lo mismo dicen cuando algún joven decide hacer a un lado su título profesional e irse como misionero a algún lugar del mundo. O cuando un hombre de negocios renuncia a todo por el Señor. Pero, esto es lo que Su presencia provoca.

Nuestros títulos y posesiones son devaluadas ante la hermosura de Su presencia. Por eso a la mujer pecadora no le importó derramar ese costoso perfume.

Por eso Moisés rehusó llamarse hijo de la hija de Faraón, y escogió ser maltratado con el pueblo hebreo, en vez de gozar de los deleites temporales del pecado.

Por eso Zaqueo devolvió cuadruplicado lo que había defraudado, y dio la mitad de lo que tenía a los pobres.

Por eso los discípulos lo dejaron todo por seguirle.

Por eso el apóstol Pablo al hablar de su pasado y de su posición como ciudadano romano, lo cual lo hacía partícipe de una elite muy especial, la aristocracia del imperio más grande del mundo, dijo: *"Y ciertamente, aun estimo todas las cosas como pérdida por la excelencia del conocimiento de Cristo Jesús, mi Señor, por amor del cual lo he perdido todo, y lo tengo por basura, para ganar a Cristo"* (Filipenses 3:8).

La palabra "basura" en el original equivale a "estiércol", y a este grado se devalúan nuestros logros, títulos, posesiones y posiciones sociales cuando hemos conocido al más hermoso de los hijos de los hombres.

Jesús dijo: *"Porque donde esté vuestro tesoro, allí estará también vuestro corazón"* (Mateo 6:21). Los tesoros son aquellas cosas que consideramos de valor, y alrededor de las cuales gira nuestra vida. Nuestro tesoro puede ser un título, un trabajo, una profesión, un negocio, un ministerio, una cuenta bancaria, etc.

Cuando estas cosas dominan nuestra vida, es decir, cuando ocupan la mayor parte de nuestro tiempo, fuerzas y emociones, y todo lo que hacemos gira a su alrededor, se vuelven el objeto de nuestra adoración. Podemos entonces decir que: "Donde esté nuestro tesoro allí estará también nuestra adoración".

Al leer la historia de la mujer pecadora, no nos queda duda que su tesoro, la caja de alabastro de perfume, no la dominaba. Pudo derramarla delante de Jesús, porque Él se había vuelto su tesoro.

¿Podrías tú derramar tu tesoro por el Señor?

¿Estarías dispuesto a renunciar a todo por Él?

Si no lo podemos hacer es que nuestro corazón está en los tesoros terrenales, y allí está nuestra adoración.

COMPARTIENDO SU HERMOSURA

Como hijos de Dios tenemos un gran privilegio. Dios quiere impartirnos Su hermosura. ¡Su hermosura es contagiosa!

Cuando una persona conoce al Señor, inmediatamente se produce un cambio en su interior y ello se ve reflejado en su rostro. Una gran carga ha sido levantada de sus hombros. Una gran deuda le ha sido perdonada. Temores antiguos han sido disipados. Una paz que sobrepasa todo entendimiento inunda su corazón. Gozo inefable le ha sido dado. ¡Claro que esto hermosea cualquier rostro!

Ningún tratamiento de belleza haría por un rostro lo que hace la gracia y el perdón. Pero Dios en estos días está impartiendo sobre Su Iglesia la hermosura de la santidad. *"En aquel tiempo el renuevo de Jehová será para hermosura y gloria..."* (Isaías 4:2). ¡Este es el tiempo!

Las bodas del Cordero se acercan. La voz del Espíritu Santo

clama por los confines de la tierra: *"¡Aquí viene el esposo; salid a recibirle!"* (Mateo 25:6).

El día de mi boda no se me permitió ver a mi esposa (entonces mi prometida), hasta llegar al altar. Recuerdo que nerviosamente la esperaba parado a un lado de mi mejor amigo, cuando de repente la música empezó a sonar y en la puerta de la iglesia, iluminada por la luz que se filtraba por los ventanales, apareció Pecos. Lucía angelical, se veía resplandeciente, su vestido blanco estaba impecable. La luz del sol le daba un brillo y color especial a su pelo. Mientras caminaba hacia mí, poco a poco empecé a apreciar su rostro detrás del velo, y al llegar a mi lado descubrí en su rostro una belleza y frescura que el maquillaje no puede dar. Es la frescura y la belleza que provoca la emoción y la expectativa de un momento tan especial.

La Iglesia ha escuchado la voz del Espíritu anunciando que el esposo viene, y la emoción y la expectativa, nos están hermoseando.

¡El Señor está emblanqueciendo las vestiduras de su novia!

¡Él está preparando una Iglesia radiante, sin mancha ni arruga!

De una manera sin precedentes el Señor está visitando la tierra con Su presencia, ésta nos preparará para Su venida y nos hará resplandecer.

Cuando estemos en Su presencia Él nos adornará con joyas. *"En gran manera me gozaré en Jehová, mi alma se alegrará en mi Dios, porque me vistió con vestiduras de salvación, me rodeó de manto de justicia, como a novio me atavió, y como a novia adornada con sus joyas"* (Isaías 61:10).

Esas joyas son los atributos de Su carácter. Seremos investidos de Su poder, Su amor y Su santidad de una manera sin precedentes.

"Porque hay un solo Dios,
y un solo mediador entre Dios y
los hombres, Jesucristo hombre".

— 1° TIMOTEO 2:5

CAPÍTULO 4

"Jesucristo hombre"

El islam puede funcionar sin Mahoma, el budismo sin Buda, la nueva era sin sus gurús, pero el cristianismo no puede funcionar sin Jesús.

Las diferentes religiones del mundo enseñan a los hombres a "llegar a Dios" de diferentes formas, pero la verdad bíblica es que cualquier esfuerzo por llegar a Dios sin conocer a Jesús, es en vano.

El cristianismo es la única religión del mundo que establece la confesión de su fundador como Señor y Salvador, como requisito para ser considerado un verdadero discípulo. Nunca escucharás a un musulmán decir: "Mahoma es mi señor y salvador".

EL ECUMENISMO

En estos días de ataques terroristas, de guerras y rumores de guerras, la gente trata de refugiarse en la religión para encontrar solución a sus temores. La asistencia a las iglesias, especialmente en los Estados Unidos, ha crecido. La venta de Biblias se ha incrementado en un 30%. La oración está regresando a lugares de los cuales había sido expulsada.

Esta hambre espiritual ha dado lugar a que personas bien intencionadas, pero con muy poco conocimiento de las Escrituras, traten de llegar a un acuerdo con todas las religiones del mundo para formar un consenso, algún tipo de concilio. Esto se conoce como universalismo o ecumenismo.

El ecumenismo consiste en poner a todas las religiones del mundo bajo el mismo techo, para juntos alcanzar los mismos fines espirituales enseñando la paternidad universal de Dios.

La cruda realidad es la siguiente: el cristianismo es una religión de absolutos, y formar parte de un concilio mundial de religiones, compromete lo que creemos. El resto de las religiones del mundo no tienen nada que perder al formar algún concilio porque sus enseñanzas son relativas. Creen que, además de Jesús, hay otras formas de llegar a Dios.

Las diferentes religiones del mundo consideran a los cristianos "cerrados de mente", pero no es nuestra mente la que está cerrada, es la Biblia. Lo que creemos no está basado en nuestras opiniones sino en las Escrituras, por eso nuestra fe es de absolutos. De allí que el ecumenismo no funciona para nosotros, los cristianos.

Dios no deja lugar al término medio. Una de las cosas que Dios detesta es la tibieza, la ambivalencia, el doble ánimo. Dios no fue nada tibio en Su amor por nosotros, nos amó hasta el punto de renunciar a Su propio hijo.

A diferencia de las demás religiones, los cristianos creemos que Jesucristo es Dios, y que en ningún otro hay salvación. Otras religiones ven a Jesús como un profeta más, como un gran maestro, o como un hombre moral y pacifista, pero no como Dios. Esta es una brecha muy difícil de cerrar.

Jesús es la piedra angular de nuestra fe. Si quitamos a Jesús nuestra fe se desmorona. El edificio se viene abajo.

Como cristianos creemos todo lo que la Biblia dice con relación a Jesús. Él es el único mediador entre Dios y los hombres, y aquel que no cree en Jesús ya ha sido condenado, pero aquel que cree en Él tiene vida eterna.

El ser parte de un concilio ecuménico implicaría que aceptamos otras formas de llegar a Dios, aparte de Jesucristo, y esto haría nulo el sacrificio de nuestro Señor en la cruz.

Es cierto que podemos encontrar algunos puntos concordantes con las diferentes religiones. Podemos estar de acuerdo en los derechos humanos, el respeto a la vida, la oposición al aborto, etc. Inclusive trabajar juntos a favor de estos acuerdos, pero no podemos refugiarnos bajo el mismo techo diciendo que todos los caminos nos llevan a Dios. ¡Sólo hay un camino! Y Jesús dijo: *"Yo soy el camino"* (Juan 14:6).

CRISTIANOS

El cristianismo gira alrededor de la persona de Jesús. Sin Él no hay cristianismo. Él es la esencia de nuestra fe.

Fue en Antioquía donde se les dio el nombre de cristianos a los primeros discípulos. Ningún otro nombre podía definirlos de una manera más exacta. Cristo era el tema de sus predicaciones y sus conversaciones. Cristo era su pasión. Cristo era la razón de su existencia, todo lo que hacían giraba a Su alrededor. "Cristianos" era el nombre que mejor los definía.

El apóstol Pablo declaró: *"Porque hay un solo Dios, y un solo mediador entre Dios y los hombres, Jesucristo hombre"* (1º Timoteo 2:5).

Es de manera intencional que termina enfatizando la naturaleza humana de Jesús. Parecería más importante resaltar Su naturaleza divina y declarar: "Jesucristo, el hijo de Dios", o remarcar su misión y declarar: "Jesucristo, el Mesías", pero la realidad es que nuestro conocimiento de Jesús, el hombre, es más importante de lo que podemos pensar.

De todos los títulos que las Escrituras dan a Jesús: "Hijo del hombre" parece ser el que Jesús escogió y usó con más frecuencia para referirse a sí mismo. La frase "hijo del hombre" no tenía nada de especial, simplemente era la expresión que se utilizaba para referirse a un hombre común.

Hay muchos ejemplos en las Escrituras para respaldar esta opinión. El salmista dice: "¿Qué es el hombre, para que tengas de él memoria, y el hijo del hombre, para que lo visites?" (Salmo 8:4), o "No confiéis en los príncipes, ni en hijo de hombre, porque no hay en él salvación" (Salmo 146:3).

El título "Hijo del hombre" es utilizado alrededor de 82 veces en el Nuevo Testamento, de las cuales 81 de ellas fue usado por Jesús.

Si Jesús usó este título para referirse a sí mismo, nosotros debemos poner particular atención a esto y tratar de entender el mensaje que hay detrás de Jesús, el hombre.

Jesucristo hombre es el mediador entre Dios y los hombres, no sólo en el sentido que nos acerca espiritualmente al Padre. Jesús es el puente para cruzar el gran abismo que no nos dejaba entender a Dios. De alguna manera, Jesús traduce a Dios para nosotros. Él es mediador entre nuestra naturaleza finita y la naturaleza infinita de Dios.

Jesús insistía en referirse a sí mismo como "el hijo del Hombre" porque sólo conociendo a Jesús, el hombre, conocemos a Dios. Relacionándonos con Jesús nos relacionamos con Dios. Nuestra cercanía a Dios dependerá del conocimiento que tenemos de Jesús, el hombre. Necesitamos conocer al Dios revelado en Jesús.

El autor de Hebreos lo declara de una manera sin comparación: *"Dios, habiendo hablado muchas veces y de muchas maneras en otro tiempo a los padres por los profetas, en estos postreros días nos ha hablado por el Hijo"* (Hebreos 1:1-2). En estos días, Dios continúa hablándonos a través del Hijo.

JESÚS Y EL PADRE

Antes de Jesús, Dios era distante e incomprensible. Un aura de misterio rodeaba todo lo relacionado al Padre. Su mismo nombre era algo que los judíos no pronunciaban ligeramente.

Después de Jesús, Dios se volvió personal y accesible. La imagen de un Dios distante y lleno de misterio fue cambiada por la de un Padre amoroso y compasivo al cual tenemos libre acceso.

Este cambio fue producido por la persona de Jesús. Su vida, Sus enseñanzas acerca del Padre y la relación que tenía con Él nos lo enseñó.

El Padre dijo de Jesús: *"Este es mi Hijo amado, en quien tengo complacencia"* (Mateo 3:17). *Y Jesús correspondía al decir: "Yo y el Padre uno somos"* (Juan 10:30).

Cuando era apenas un niño, Jesús demostraba la relación que tenía con el Padre diciendo: *"¿No sabíais que en los negocios de mi Padre me es necesario estar?"* (Lucas 2:49). Y siendo adulto declaró: *"Mi comida es que haga la voluntad del que me envió"* (Juan 4:34).

Algunas enseñanzas de Jesús eran totalmente ajenas a la imagen que los judíos tenían de Dios, el Padre. Al hablar del afán y la ansiedad dijo a sus oyentes: *"Mirad las aves del cielo, que no siembran, ni siegan, ni recogen en graneros; y vuestro Padre celestial las alimenta. ¿No valéis vosotros mucho más que ellas?"* (Mateo 6:26).

Jesús motivaba a la gente a actuar como verdaderos hijos de Dios, imitando al Padre, y les decía: *"...hijos de vuestro Padre que está en los cielos, que hace salir su sol sobre malos y buenos, y que hace llover sobre justos e injustos"* (Mateo 5:45).

Jesús conocía al Padre íntimamente, por eso hablaba con tanta seguridad acerca de Su amor. Ahora nosotros podemos disfrutar de la relación que Dios, el Padre y Jesús, el Hijo, han tenido eternamente. Una relación íntima y profunda.

Así como el Padre amaba a Jesús, Dios nos ama a nosotros. Jesús mismo lo declaró en la oración de Juan 17: *"...para que el mundo conozca que tú me enviaste, y que los has amado a ellos como también a mí me has amado"* (Juan 17:23).

¿Puedes imaginar la inmensidad del amor de Dios por ti?

Además de la redención, la encarnación tenía como propósito llevarnos a formar parte de la familia de Dios.

ABBA PADRE

A través de las Escrituras encontramos que Dios revelaba sus nombres al manifestar sus atributos: Shalom, Jireh, Nissi, etc.

Había un nombre de Dios que la gente no conocía, un nombre que siempre había existido, pero que los hombres no habían experimentado.

Jesús declara en la oración de Juan 17: *"He manifestado tu nombre a los hombres que del mundo me diste"* (Juan 17:6). Ese nombre era Padre o "Abba" en arameo, que equivale a "papá" o "papi" (Marcos 14:36).

Los hebreos no sabían acercarse a Dios el Padre de esta manera tan íntima y personal. Esta revelación era revolucionaria, pero todavía no fue asimilada por todos. Muchos creyentes no conocen a Dios como un Padre amoroso, y esto se debe a que realmente no han conocido a Jesús, el hombre. ¡Él es el único que puede darnos a conocer el amor del Padre!

Jesús es el eslabón preciso entre Dios y el hombre. Necesitamos conocer al Dios de amor revelado en la persona de Jesús.

Los primeros discípulos tuvieron el privilegio de conocer a Jesús. El Padre les fue revelado y pudieron entender su amor. *"Mirad cuál amor nos ha dado el Padre, para que seamos llamados hijos de Dios"* (1º Juan 3:1), dijo el apóstol Juan.

Los discípulos conocieron de primera mano al mediador entre Dios y los hombres. Digo de "primera mano", porque el conocimiento que muchos creyentes tienen de Jesús es de "segunda mano". Es decir, han aprendido de Él lo que otros les han enseñado; y eso es bueno, pero sólo como punto inicial en nuestra vida como creyentes.

Tú y yo podemos llegar a conocer a Jesús de una manera personal, como le conocieron los discípulos. Ellos llegaron a desarrollar una fe revolucionaria que los llevó, en poco tiempo, a llenar gran parte del imperio romano con el conocimiento del amor de Dios.

Ellos lo amaron hasta la muerte. De los doce, sólo el apóstol Juan no murió como mártir. Todos los demás sellaron su fe con su vida. Cuando leemos el libro de los Hechos, o la historia de la Iglesia primitiva, nos contagia la fe de estos hombres.

¿Por qué razón los discípulos tenían una fe revolucionaria?

Al leer los Evangelios nos damos cuenta que no siempre tuvieron una fe ejemplar. Algunos de los discípulos dudaban de la divinidad de Jesús. Él les dijo: *"Pero hay algunos de vosotros que no creen"* (Juan 6:64).

De hecho, algunos de ellos continuaron dudando aún después de la resurrección diciendo: *"Pero nosotros esperábamos que él era el que había de redimir a Israel; y ahora, además de todo esto, hoy es ya el tercer día que esto ha acontecido"* (Lucas 24:21). Tomás fue tan incrédulo, que su requisito para volver a creer, fue que quería meter sus dedos en las heridas que le habían dejado los clavos.

¿A qué se debía la pasión por el Señor?

¿Qué fue lo que los llevó a superar todas sus dudas?

La razón de sus vidas apasionadas y su fe revolucionaria, que los llevó a alborotar el imperio romano, descansaba en una verdad muy sencilla, pero a la vez muy profunda:

¡Conocieron a Jesús, el hombre!

Nadie tenía que contarles nada. Nadie tenía que convencerlos del amor de Dios y de la realidad de su fe. El conocer a Jesús hombre dio a los discípulos una percepción clara y rotunda del amor de Dios.

A diferencia de ellos, los cristianos modernos creemos que Jesús es el Mesías. Creemos en Su resurrección y Su divinidad.

El testimonio de las Escrituras, la historia de la Iglesia, y el testimonio del Espíritu Santo a nuestro corazón nos ha convencido de que Jesús es el Mesías, el hijo de Dios. Aceptamos Su divinidad, pero no lo conocemos personalmente como Jesús, el hombre. Esto produce una gran diferencia en nuestro concepto acerca de Dios y la forma en que vivimos la vida cristiana; carente de celo y pasión.

Un cambio muy lamentable se ha llevado a cabo en la mente de los creyentes a través de los siglos. Hemos retrocedido en nuestro concepto de un Dios personal y accesible, al de un Dios distante y lleno de misterio. Esto se debe en gran parte al hecho que no conocemos a Jesús el hombre, no tenemos una relación personal con el mediador entre Dios y los hombres.

La relación que muchos creyentes tienen con Dios es carente de calor y cercanía, es impersonal, y en algunos casos ambigua. Entendemos a un nivel racional que Dios nos ama, tenemos la seguridad de la vida eterna y el cielo; sin embargo, no hay un vínculo personal. Es decir, no nos relacionamos con Él como con una persona.

COMUNIÓN CON JESÚS

El apóstol Pablo escribió a los corintios: *"Fiel es Dios, por el cual fuisteis llamados a la comunión con su hijo Jesucristo"* (1° Corintios 1:9).

La relación a la que Pablo se refiere no es ambigua ni distante, más bien es cercana y personal.

La palabra "comunión" del griego "koinonia", hace referencia a una relación que sólo puede establecerse entre dos personas. Una relación interpersonal en la que hay intercambio de preguntas y respuestas, sentimientos y gestos, reciprocidad.

¡Qué maravilloso es darnos cuenta que podemos tener este tipo de relación con Jesús! Poder sentarnos a la mesa y tener comunión con Él.

Aquí en la tierra podemos experimentar varios niveles de adoración, pero el más profundo es el que se genera cuando nos sentamos a la mesa con Él. Este es un nivel de adoración personal.

El nivel máximo de adoración es apocalíptico, y se iniciará aquel día cuando estemos delante de Su presencia, y su gloria lo llene todo de tal manera que nuestra individualidad, aquello que nos hace personas, se pierda en Él.

La adoración apocalíptica es aquella que nuestro frágil cuerpo y nuestra naturaleza pecaminosa no pueden todavía experimentar, por eso nuestros cuerpos tendrán que ser transformados. Se nos dará un cuerpo glorificado e incorruptible para poder adorar a nuestros Dios delante de Su trono. Pero mientras estemos aquí en la tierra, podemos llegar a tener una adoración tan profunda que nos lleve a sentarnos a la mesa con Jesús y a experimentar delicias a su diestra.

Al hablar de adoración personal, no me estoy refiriendo sólo a cantar canciones personales, sino a sentarnos en la mesa con Jesús durante un tiempo de intimidad. No hay nada más sublime que la adoración que nace cuando estamos sentados a la mesa con Él.

Jesucristo "hombre", es el único mediador entre Dios y los hombres. Cuando se abre un abismo entre nosotros y Dios, cuando nos sentimos lejos de casa, cuando la relación parece distante y carente de calor, necesitamos conocer a Jesús, el hombre. Necesitamos tener comunión con Él, sentarnos a Su mesa y cenar juntos.

Antes acostumbraba a decir que me hubiera gustado vivir en los días de Jesús. Haberlo oído enseñar. Convivir con Él cómo lo hicieron los discípulos. Mirarlo a los ojos y escucharlo reír, recostarme en Su pecho como lo hacía Juan. Pero el mismo apóstol nos asegura que aún podemos hacerlo.

"Lo que era desde el principio, lo que hemos oído, lo que hemos visto con nuestros ojos, lo que hemos contemplado, y palparon nuestras manos tocante al Verbo de vida... lo que hemos visto y oído, eso os anunciamos, para que también vosotros tengáis comunión con nosotros; y nuestra comunión verdaderamente es con el Padre, y con su hijo Jesucristo".

—*1º Juan 1:1,3*

De acuerdo con este pasaje, tú y yo podemos ser parte de lo que los discípulos contemplaron y tocaron con sus manos. ¡Podemos ser parte de Jesús, el Verbo de vida!

Jesús dijo a sus discípulos: *"Todavía un poco, y el mundo no me verá más; pero vosotros me veréis; porque yo vivo, vosotros también viviréis"* (Juan 14:19).

Qué maravilloso ¿verdad?

El mundo no puede ver a Jesús, pero nosotros sí podemos.

¿Lo has visto últimamente?

El mundo tuvo la oportunidad de ver a Jesús cuando caminó aquí en la tierra, pero ya no puede verlo. Para muchos, Jesús es algo que se quedó en la historia, pero para nosotros, como hijos de Dios, Jesús es real. Es tan real que esta mañana estuve platicando con Él.

¿De qué nos sirve que alguien nos diga lo maravilloso que se siente compartir con Jesús, si nosotros no podemos hacerlo?

"De hecho sería muy extraño que Dios haya revelado a su hijo Jesús e inspirara el registro de la revelación en la Biblia, y no proveyera una manera en la que gente común lo conociera" [1].

El propósito de los escritores bíblicos es llevarnos a experimentar lo que ellos vivieron. *"... para que también vosotros tengáis comunión..."* (1º Juan 1:3), dice Juan.

Uno de los nombres de Jesús es "Emanuel", que significa: "Dios con nosotros". Esto tiene que ser tomado literalmente, ¡Dios está con nosotros ahora, a través de la persona de Jesús!

Hoy, dos mil años después que Jesús ascendió a los cielos, podemos sentarnos a la mesa con Jesús y compartir el pan.

1. John Piper, *Seeing and Savoring Christ,* página 13

*"¡Cuánto he deseado comer con vosotros esta
pascua antes que padezca!"*

—LUCAS 22:15

CAPÍTULO 5

Cenaré con Él

Hay ciertas cenas que disfruto mucho. La cena de Navidad, la de Año Nuevo, y debido a que mi esposa nació en los Estados Unidos, también la de Acción de Gracias.

Regularmente invitamos a amigos o familiares para que compartan estas reuniones tan especiales con nosotros.

Con algunos días de anterioridad hacemos las compras de todo lo que la cena va a requerir. Desde muy temprano, mi esposa empieza con los preparativos para la comida, y tanto los niños como yo ayudamos en la cocina. Una cena como esta requiere organización y trabajo.

Un ambiente de expectativa llena nuestra casa porque sabemos que el tiempo que esa noche compartiremos con familiares o amigos será especial.

Después que la cena fue preparada, viene el tiempo de asearnos y vestirnos para la ocasión. Nos ponemos nuestras mejores galas y antes de que llegue la visita, todo en nuestra casa luce resplandeciente.

Todo esto se hace para compartir unas cuantas horas con estas personas tan importantes para nosotros. Nuestro deseo es que los invitados se sientan como si estuvieran en su propia casa, y queremos que sepan que son especiales.

Todos los arreglos se han hecho pensando en ellos y en su comodidad, y aunque lo hacemos pensando en ellos, la cena será algo que también nosotros disfrutaremos.

Para estas cenas invertimos dinero, tiempo y trabajo. Pero lo hacemos porque para nosotros estas personas son realmente muy especiales.

Después, cuando llegan los invitados, la familia entera los recibe en la puerta. Los invitamos a pasar a la sala donde el fuego de la chimenea da calor —ya que todas estas cenas se llevan a cabo en invierno— y disfrutamos de un ambiente acorde a la ocasión.

Empieza la conversación y después de un buen rato pasamos al comedor. Allí nos esperan deliciosos platos. Nos sentamos a la mesa y compartimos un tiempo muy especial: "¡La cena!".

El tiempo que pasamos en la mesa se alarga por horas. Oramos, comemos, platicamos, reímos, recordamos tiempos pasados, momentos tristes, etapas alegres. Tomamos el café, comemos el postre, conversamos un poco más. Damos gracias a Dios por todas sus bendiciones, y cuando menos lo pensamos ya ha llegado la media noche y tenemos que despedirnos.

Algunos de estos amigos y familiares que nos visitan, tal vez será la única vez que lo harán por espacio de uno o dos años, pero esos momentos juntos nos hacen estrechar aún más nuestros lazos de amistad y profundiza más nuestro vínculo.

Lo que esa noche experimentamos sostiene nuestra amistad por los siguientes meses o tal vez años.

JESÚS ANHELA CENAR CON NOSOTROS

La Biblia dice que Jesús anhela cenar con nosotros. *"He aquí, yo estoy a la puerta y llamo; si alguno oye mi voz y abre la puerta, entraré a él, y cenaré con él, y él conmigo"* (Apocalipsis 3:20).

La mayoría de nosotros como hijos de Dios decimos que anhelamos tener intimidad con el Señor, pero vivimos muy deprisa. Aunque nuestros labios dicen que queremos convivir con Él, nuestra actitud expresa lo contrario.

Hace muchos años, una pareja me invitó a su casa. Dijeron que tenían deseos de pasar un tiempo conmigo y platicar, y que les daría mucho gusto si aceptaba la invitación.

Busqué un día en mi ocupada agenda para ir a visitarlos. Esa tarde decidí no cenar pensando que lo haría en la casa de esta pareja. Cuando llegué a su hogar, el esposo me recibió en la puerta y me dio la bienvenida. Luego se sentó en un sofá, me dijo que su esposa había salido al mercado y encendió el televisor.

Me sentía muy incómodo por la actitud de este hombre, pero me sobrepuse y traté de conversar con él. Cuando le hacía alguna pregunta me contestaba con monosílabos. Media hora después llegó la esposa y pensé que quizás las cosas iban a mejorar. Supuse que tal vez había ido al mercado a comprar algo para la cena, pero lo único que había traído fue jabón para la ropa. No es muy apetitoso, ¿verdad?

Seguí sentado, tratando de conversar con este hombre mientras su esposa salía de la recámara y entraba al cuarto de lavar, y viceversa. A veces, al pasar hacía algún comentario trivial, pero seguía con su rutina de trabajo.

En algún momento me ofreció un vaso de agua, y después de estar un buen tiempo allí, me despedí y salí de esa casa pensando: "¿Por qué razón esta pareja me invitó a su casa? ¿Por qué me dijeron que querían pasar tiempo conmigo y que les daría mucho gusto que yo los visitara?".

Nunca entendí la razón de esa invitación y la apatía de estos anfitriones, lo cierto es que jamás volví a esa casa.

Creo que muchos de nosotros hacemos sentir al Señor de la manera en la que yo me sentí en aquella casa. Le rogamos por avivamiento, le decimos que queremos convivir con Él, le cantamos que anhelamos Su presencia, que queremos que nos visite, pero cuando decide hacerlo, no se siente bienvenido.

Si realmente queremos que nos visite para que pase tiempo con nosotros, necesitamos hacer los preparativos para que Él pueda venir, y al hacerlo se sienta bien recibido. Para que Jesús venga necesitamos adecuar el lugar a Sus necesidades.

La mayoría de nosotros escogemos los lugares en los que queremos estar y la gente con la que queremos relacionarnos. Estas decisiones las hacemos basados en la compatibilidad que tenemos con las personas que nos vinculamos. La manera en que nos tratan también es un factor muy importante para que sigamos compartiendo tiempo con ellas.

Dios también se siente mejor con cierto tipo de personas. Claro que Él no tiene hijos favoritos, sino que nos ama a todos por igual. Aunque no podemos negar que, según las Escrituras, hay cierto tipo de personas con las que a Él le gusta convivir.

Su Palabra nos dice dónde y con quién le gusta habitar: *"Yo habito en la altura y la santidad, y con el quebrantado y humilde de espíritu..."* (Isaías 57:15).

Para que Él venga a visitarnos necesitamos hacer los preparativos. Debemos enderezar nuestras sendas torcidas y caminar de acuerdo a Su justicia. Debemos rellenar todo valle en nuestra vida, bajar todo monte y collado de altivez en nuestra mente y corazón; enderezar todo camino torcido en nuestra forma de vivir y allanar toda aspereza en nuestra conducta.

Aunque las palabras anteriores son una paráfrasis del mensaje de Juan el Bautista predicando en el desierto, al preparar el camino para la venida del Señor, también pueden ser instrucciones para todo aquel que desea preparar el camino para que Jesús habite con él diariamente.

Así como las cenas especiales requieren planeación y tiempo, la intimidad con Dios también lo demanda. Es necesario que preparemos nuestro corazón para que esté libre de las cosas que a Dios no le agradan.

Las cenas especiales no son ligeras o triviales ni superficiales. Son íntimas y profundas. Son prolongadas, pero no tediosas, porque se disfrutan.

UNA RELACIÓN DE DESAYUNO

Jesús no busca desayunar ni almorzar, él quiere cenar con nosotros. Muchos tienen una relación de desayuno con Jesús.

El desayuno nos habla de un principio, el inicio de carrera, un arranque. Con el desayuno empieza todo, pero no lo es todo.

El desayuno siempre es visto como una necesidad. Lo tomamos para tener energía durante el día.

Desde pequeño escuché a mi mamá decir que debía desayunar, que lo necesitaba para poder funcionar bien durante el día. De joven, cuando me mudé de la casa de mis padres, perdí la costumbre de desayunar. Pero cuando me casé, mi esposa volvió a inculcar en mí el hábito del desayuno. Ahora en mi casa se escuchan las mismas palabras que escuché en mi niñez: "¡Niños, tomen tiempo para desayunar! ¡Lo necesitan para tener fuerza este día! ¡Para que su cerebro funcione mejor en la escuela!".

El desayuno en la mayoría de los casos es visto como una necesidad, y muchos tienen con Jesús una relación de necesidad, una relación de desayuno.

En nuestra relación con Dios todos tenemos un principio, un inicio de carrera. Ese comienzo tiene que ver con una necesidad. Nos acercamos a Dios porque hemos reconocido nuestra necesidad. ¡Sin Él estamos eternamente perdidos!

La necesidad fue lo que hizo al hijo pródigo regresar a su casa: *"Y cuando todo lo hubo malgastado, vino una gran hambre en aquella provincia, y comenzó a faltarle"* (Lucas 15:14).

"Comenzó a faltarle", es decir, sintió la necesidad. Esto fue lo que finalmente llevó al joven a la casa de su padre. *"¡Cuántos jornaleros en casa de mi padre tienen abundancia de pan, y yo aquí padezco de hambre!"* (Lucas 15:17).

El lado triste de la historia del hijo pródigo, es que no regresó porque extrañaba al padre, sino porque tenía hambre. No fue el corazón, sino el vientre lo que hizo al hijo pródigo volver a la casa de su padre. Todos volvemos a casa por la misma razón.

A diferencia de nosotros, el Padre sí anhela nuestra presencia en casa. Él nos ha estado esperando. Cuando el hijo pródigo regresó, su padre no se limitó a suplir sólo su necesidad. Saciar su hambre era sólo el principio. El padre tenía mucho más.

De la misma manera, Dios no solamente quiere darnos perdón y salvación. Esto es muy importante, pero es el principio. Él quiere darnos mucho más. *"El que no escatimó ni a su propio Hijo, sino que lo entregó por todos nosotros, ¿cómo no nos dará también con él todas las cosas?"* (Romanos 8:32). Y lo más importante de todas las cosas es el compañerismo que podemos tener con Él.

Como el hijo pródigo, volvemos a casa por la necesidad de pan, pero no podemos continuar por el resto de nuestra vida sirviendo al Señor por una pieza de pan. Alguien dijo: "Tenemos que dejar de ver la mano del Señor y empezar a ver su rostro".

Debido a que constantemente estoy viajando. Siempre me mantengo en comunicación telefónica con mi esposa e hijos. El ochenta por ciento de las veces que hablo con mis hijos, me expresan su amor, me dicen que me extrañan y que regrese pronto. El otro veinte por ciento me preguntan acerca de lo que les voy a llevar cuando regrese a casa.

Como padre, me da mucha satisfacción saber que para mis dos hijas y mi hijo, soy más importante que los regalos que les pueda llevar, aunque como padre encuentro deleite en obsequiarles regalos.

La primera etapa en nuestra relación con Dios, es la del hijo necesitado que vuelve a casa por una pieza de pan. Y aunque no hay nada de malo en acercarse al Señor porque lo necesitamos, no podemos quedarnos viviendo en ese nivel. Hay personas que hacen de sus oraciones una lista de pedidos.

Dios quiere llevarnos a otro nivel...

"COMIDAS CORRIDAS"

Otros tienen una relación de almuerzo con el Señor. El tiempo del almuerzo va entremezclado en medio del ajetreado horario del día. Si vamos a casa a comer en horas de trabajo, regularmente no tenemos mucho tiempo, así que, no hay comunicación, hay poca conversación, porque tenemos que regresar al trabajo.

Cuando almorzamos en la calle, todo es deprisa. Al llegar al restaurante, le decimos al mesero que disponemos de muy poco tiempo, para que no se tarde en atendernos.

En los restaurantes de México, existe lo que se conoce como "comida corrida". Esto es una parte de la carta o menú que ha sido preparada con anterioridad para servirse rápido. Muchos piden la "comida corrida" por cuestión de tiempo, y también porque es más económica.

Para muchos, su relación con Dios es así, programada y apurada. Meten a Dios en el ajetreado horario de la semana, y disponen de muy poco tiempo para relacionarse con Él. Como resultado, sólo comparten juntos "la comida corrida".

Comen con Dios los domingos de 10 a 12 en la reunión dominical, o de 7 a 9 en la reunión del viernes por la noche, pero al igual que el tiempo del almuerzo, es algo metódico o programado; y para muchos no hay intimidad, especialmente cuando están activos en la congregación y tienen responsabilidades que atender.

La comida es la segunda etapa de nuestra relación con Dios, y está representada en la vida del hermano mayor del hijo pródigo. El hermano mayor era responsable y trabajador. Antes que saliera el sol, ya estaba de pie para empezar las labores del día. Cuando el sol ya había declinado, regresaba a casa cansado, se reportaba con su padre y recibía instrucciones para el día siguiente. Aunque cuando regresaba del campo su padre le pedía que cenaran juntos, siempre comía algo a la ligera y decía que tenía que ir a descansar. Esta era su rutina diaria.

Nunca se tomaba la libertad de matar un corderito y celebrar con su padre en la mesa. Estaba demasiado involucrado en su trabajo y responsabilidades. Pensaba que de esta manera se ganaba la aprobación del padre al ser responsable y trabajador. Pensaba que en esto consistía la vida: "Trabajar y trabajar".

Tuvo que regresar el hijo desobediente que había gastado todos los bienes con rameras, para darse cuenta que el padre anhelaba el compañerismo con sus hijos.

Yo no sé cuál de las dos hermanas, Marta o María (Lucas 10:38-42), era la mayor, pero si Marta lo era, sufría el mismo "síndrome del hermano mayor" que el de la historia del hijo pródigo. Marta se preocupaba demasiado de los quehaceres, y criticaba a su hermana, como lo hizo el hermano mayor, porque no era tan responsable como ella.

Los que tienen este tipo de relación con Dios, han desarrollado "una relación de obras", piensan que agradan al Padre por estar involucrados en todo tipo de actividades. Pero el Padre no está buscando este tipo de relación.

Tanto Jesús, como el padre en la historia del hijo pródigo, dejan muy claro lo que es necesario, lo que es más importante: el compañerismo, la intimidad, la comunión, la celebración.

Jesús le dijo a Marta *"... una cosa es necesaria; y María ha escogido la buena parte, la cual no le será quitada"* (Lucas 10:42).

¿Cuál parte has escogido tú?

Muchos creyentes viven como el hermano mayor y como Marta. Están involucrados en tantas cosas: células, reuniones, evangelismo, viajes misioneros, etc., pero no tienen intimidad con el Padre, no celebran, no hay gozo en su corazón. Definen su lugar sirviendo, y a veces, juzgando a aquellos que no actúan como ellos.

Es cierto que como hijos de Dios tenemos que servir, tenemos que trabajar, pero eso no debe definir nuestra posición como hijos, eso no debe regir nuestra vida, eso es sólo una parte de nuestro caminar cristiano.

Todos tenemos que tomar parte de las actividades de nuestra congregación y estar en las reuniones que han sido programadas. Pero cuando nuestra vida de oración e intimidad con Dios consiste sólo en eso, tenemos una relación de comida programada con Jesús.

La cena es el nivel más profundo de intimidad a la que, como hijos de Dios, podemos aspirar aquí en la tierra.

Si el desayuno es el principio, la cena es la culminación.

Si el desayuno es por necesidad, la cena es por deleite.

Nuestra relación con Dios es ascendente, pasa de necesidad a disciplina programada, y de disciplina programada a verdadera intimidad.

Él quiere que el tiempo pase y que disfrutemos su compañía.

Él lo anhela. *"¡Cuánto he deseado comer con vosotros esta pascua...!"* (Lucas 22:15), les dijo a sus discípulos, y nos sigue diciendo lo mismo a nosotros.

A su diestra hay delicias, pero esas delicias no se pueden experimentar a la ligera. Necesito darme tiempo para estar con Él en la mesa.

La cena requiere que nos tomemos tiempo suficiente y nos relajemos.

ARGENTINA Y LAS CENAS

Al estar en una gira por Argentina me di cuenta que allí realmente saben disfrutar la cena. Es el único país de los que hemos visitado, donde los restaurantes están abiertos hasta altas horas de la noche, y aun en la madrugada encuentras gente cenando y platicando.

Para los argentinos la cena no consiste sólo comer. La cena es un tiempo para comunicarse, hablar, por esa razón la sobremesa dura bastante tiempo.

Estábamos disfrutando "un asado" después de un concierto, y cuando terminamos de cenar, los músicos y yo nos levantamos para irnos. Nos despedimos de todos, y regresamos al hotel.

La persona que nos llevaba al hotel, muy respetuosamente nos preguntó si siempre cenábamos tan rápido. Creo que estuvimos una hora y media en el restaurante, pero para ellos fue muy rápido.

Nuestros anfitriones argentinos tenían razón al decir que fue muy rápido, y creo que su forma de cenar se acerca más al modelo bíblico de la intimidad y el compañerismo que debe de existir en las cenas.

Las cenas de los judíos eran prolongadas y con mucha convivencia; disfrutaban cada momento y cada bocado, compartían y celebraban la vida y la amistad.

Este es el tipo de relación que Jesús quiere tener con nosotros.

Hoy más que nunca estamos acostumbrados a las cosas rápidas e instantáneas. A causa de la rapidez de los medios de comunicación, en un par de segundos podemos estar en contacto con alguien al otro lado del mundo. El teléfono, la Internet, los aviones, las computadoras han hecho nuestra vida más rápida y productiva. Ahora mismo, mientras estoy escribiendo este capítulo pienso en la gente que escribía volúmenes enteros con una pluma y una libreta.

El mundo ha cambiado por la rapidez de los medios de comunicación. A finales del siglo pasado alguien acuñó la frase: "La aldea global" para describir con exactitud, los efectos de los medios de comunicación, y cómo han achicado nuestro mundo para convertirlo prácticamente en una aldea.

Parece que con solo decir: "Presto", tenemos todo a nuestro alcance. Por esa razón, pensamos que nuestra relación con Dios puede ser de la misma manera, pero no lo es. No hay atajos a la intimidad con Dios, no hay atajos a la madurez y el crecimiento, porque ellos vienen como resultado de la intimidad.

La intimidad está muy ligada a la madurez. La palabra madurez, implica varias cosas: un principio, un plazo de tiempo, un crecimiento.

Necesitamos olvidarnos del reloj y experimentar esos momentos en los que el tiempo vuela. Esos momentos en los que nuestro corazón es conformado a Su corazón.

*"Yo dormía, pero mi corazón velaba.
Es la voz de mi amado que llama: Ábreme,
hermana mía, amiga mía, paloma mía, perfecta mía... Me he
desnudado de mi ropa; ¿cómo me he
de vestir? He lavado mis pies; ¿cómo los
he de ensuciar?... Yo me levanté para abrir a
mi amado... Abrí yo a mi amado; pero mi
amado se había ido, había ya pasado; y tras
su hablar salió mi alma.
Lo busqué y no lo hallé; lo llamé y no me respondió... Yo os conjuro, oh doncellas de
Jerusalén, si halláis a mi amado, que le
hagáis saber que estoy enferma de amor."*

—CANTARES 5:2-3, 5-6, 8

CAPÍTULO 6

Jesús en mi casa

Era un día como cualquier otro. Había ido a casa a cenar después de un día de trabajo en la oficina. Luego de la cena, mi esposa y las niñas salieron y me quedé sólo con mi hijo. Él empezó a practicar sus lecciones de piano y yo estaba sentado en uno de los sillones de la sala, escuchándolo.

No estaba orando, tampoco estaba meditando en la Palabra, sólo estaba siguiendo una rutina: Escuchaba a mi hijo mientras practicaba piano, y de vez en cuando lo corregía y le pedía que volviera a tocar los mismos acordes.

Hasta ese momento, no había sucedido nada especial en el día. No me encontraba en un estado espiritual expectante. Sólo estaba sentado, cuando de repente, supe que Jesús estaba en mi casa.

Necesito explicar lo que significa: "Supe que Jesús estaba en mi casa". Hasta ese momento en mi vida cristiana yo entendía a un nivel mental, que en muchas ocasiones Dios había estado en mi casa. Aceptaba que donde estaban dos o tres reunidos en Su nombre, allí estaba Él en medio de ellos. Sabía que en muchas ocasiones Sus ángeles nos habían cuidado y Su espíritu nos había dirigido, pero en esta ocasión era distinto, totalmente distinto...

Yo sabía que Jesús estaba en mi casa. Su presencia era tan real, como cuando algún amigo venía a visitarme. Podía ubicar el lugar físico donde Jesús se encontraba. Estaba a unos cuatro metros de distancia observándonos a mi hijo y a mí. Nunca antes había sentido Su presencia de una manera tan real. Me sorprendió tanto esa experiencia que con fuerza grite: "¡Jesús!".

Mi hijo dejó de tocar el piano, volteó hacia mí y me preguntó si todo estaba bien. "Continúa tocando", le dije, "todo está bien".

Una emoción que nunca antes había conocido empezó a inundar mi corazón. Algo así como una ternura mezclada con asombro. Una serie de contrastes empezaron a generarse dentro de mí.

Era como mezclar el nacimiento de mis hijos con la furia del inmenso mar.

Era alegría mezclada con temor.

Aunque la experiencia me provocaba gozo, a la vez me causaba un temor reverente.

Me sentía privilegiado por esa experiencia, pero al mismo tiempo no me sentí merecedor de ella.

Me sentí grande y pequeño a la vez.

¡Él había venido a mi casa!

¡Estaba llamando a la puerta de mi corazón!

¡Quería cenar conmigo!

Sobrecogido por esa ternura, empecé a llorar en silencio.

Al leer la experiencia de la mujer pecadora en la casa de Simón el leproso, que también lloraba en silencio, entendí por qué mi llanto no era expresivo. Delante de Su presencia nuestras palabras sobran. Nuestro corazón habla por nosotros, por eso nos inunda el silencio. Nuestro corazón clama por oír Su voz, y la mejor forma de escucharla es en "silencio".

Mis lágrimas rodaban mientras disfrutaba ese momento tan especial. Sabía que lo que estaba sucediendo no tenía nada que ver con ningún esfuerzo personal, así que no quería exagerar mi reacción gritando: "¡Aleluya! ¡Gloria a Dios!". De hecho, temía estropear ese momento con mis palabras, sentía que si hablaba iba a arruinarlo todo, así que, callado, disfruté de ello.

No podía contener Su presencia, cuando de repente habló tiernamente a mi corazón y me dijo: "Muchas veces antes vine a buscarte y no oíste mi voz". No era un reproche, estaba conversando conmigo, como un amigo conversa con otro. El versículo: *"He aquí yo estoy a la puerta y llamo; si alguno oye mi voz..."* (Apocalipsis 3:20), llegó a mi corazón como un rayo. Me sacudió... entendí su significado... ¡Antes, muchas veces había llamado a mi puerta y yo no había oído Su voz!

¿Alguna vez has sentido que el Señor está lejos? ¿Qué no puedes hallarlo?

Precisamente en ese instante vinieron a mi mente momentos en los cuales sentí que el Señor estaba lejos. Tiempos en los que me era difícil hallarlo, y aunque mi corazón estuviera dispuesto no podía conectarme con Dios.

MI AMADO SE HABÍA IDO

Tal como nosotros, Dios tiene sentimientos y respeta nuestras decisiones, y si ignoramos su voz, Él se aleja.

El libro de Cantares lo presenta de una manera poética y maravillosa:

"Yo dormía, pero mi corazón velaba. Es la voz de mi amado que llama: Ábreme hermana mía, amiga mía, paloma mía, perfecta mía... Me he desnudado de mi ropa; ¿cómo me he de vestir? He lavado mis pies; ¿cómo los he de ensuciar?... Yo me levanté para abrir a mi amado... Abrí yo a mi amado; pero mi amado, se había ido, había ya pasado; y tras su hablar salió mi alma. Lo busqué, y no lo hallé; lo llamé, y no me respondió... Yo os conjuro, oh doncellas de Jerusalén, si halláis a mi amado, le hagáis saber que estoy enferma de amor" (Cantares 5:2-3, 5-6, 8).

Muchas veces Él llama a nuestro corazón y lo rechazamos. "Busca otro corazón", le decimos. Él busca adoradores, que lo reciban.

Una tristeza me sobrecogió y lloré aún más, pero esta vez mi llanto era de arrepentimiento. Le pedí perdón por no haber oído Su voz llamando a mi corazón, le pedí que me hiciera sensible.

Sentí Su mirada de amor, Su mano sobre mi espalda haciéndome saber que todo estaba bien. Sentí Su perdón y aceptación. Sentí Su amor y Su gracia.

Desde entonces muchas veces he sentido Su presencia. En varias ocasiones, Su presencia llenó nuestra casa trayendo una fragancia de un perfume desconocido, y tanto mi esposa como yo hemos entendido que ha sido Su presencia.

Muchas veces al viajar sentí Su presencia en mi automóvil, a veces en los aviones, también en la sala de algún aeropuerto. He reído con Él, he llorado con Él, pero sobre todo lo sentí a mi lado mientras dirigía a otros en adoración, cumpliéndose así las palabras de la epístola a los Hebreos donde Jesús dijo: *"Anunciaré a mis hermanos* (a ti y a mí) *tu nombre. En medio de la congregación te alabaré"* (Hebreos 2:12).

Cuando nos reunimos a adorar a Dios, Jesús canta en medio de nosotros. ¿Has sentido Su presencia a tu lado?

En los últimos meses he sentido una carga muy pesada en mi corazón. Tengo la sospecha que esta preocupación no es exclusivamente mía. Creo que todo pastor y líder de alabanza sensible al Espíritu de Dios se identificará con mi preocupación, y tiene que ver con lo siguiente: Aquellos que han asistido a nuestros conciertos saben que son ruidosos y expresivos. Hay mucho movimiento, música y luces, pero como adorador estoy muy consciente del proceso de la adoración.

El tiempo de alabanza ruidosa y expresiva habla de un inicio. La alabanza es tiempo de fiesta y regocijo, tiempo de guerra y celebración. Aquellos que saben adorar entienden que la alabanza es la antesala a un tiempo profundo de adoración en la presencia de Dios.

El anhelo de todo adorador debe ser llegar a ese lugar de intimidad, donde nosotros callamos y el Señor habla.

La canción "Quiero adorar", la escribí pensando en el proceso de la adoración, y hacia dónde debe llevarnos.

> *Quiero adorar hasta llegar*
> *Al lugar de tu habitación,*
> *Donde es fácil oír tu voz*

A tu secreto Señor.
Quiero adorar, hasta llegar.

Coro
Llévame a tu habitación.
Mi refugio, mi pasión.
Al lugar de intimidad,
De quietud y santidad.
Llévame a tu habitación
Donde cambia el corazón
Donde transformado soy.
A tu imagen mi Señor.
Quiero adorar hasta llegar.

Mi pastor, Víctor Richards, es muy cuidadoso en cuanto a tener una adoración ascendente cada domingo. Cuando mi tarea era dirigir la alabanza en la congregación, le presentaba la lista de las canciones que entonaríamos ese domingo, y cuando era necesario, hacía cambios que mejoraban ese ambiente ascendente de adoración. Ese debe ser el deseo de todo pastor y adorador: subir al monte de Sion, ascender a Su presencia.

Nuestros conciertos siempre terminan en profunda e intensa adoración, pero me temo que no todos los presentes participan de ella. Hay una nueva generación que creció después de la restauración de la alabanza y la adoración. Una descendencia que no ha escuchado las enseñanzas que nosotros oímos hace diez o quince años. Esta nueva generación puede estar confundiendo ruido por intimidad, y no es así.

Estamos tan acostumbrados al ruido, que nos hemos olvidado que aunque Dios está en el trueno y el relámpago, también está en el silbido apacible. Temo que estemos formando una nueva generación que no sabe adorar a Dios.

¡Necesitamos una restauración en la alabanza y la adoración!

Al entrar a la habitación de cualquier adolescente cristiano, encontrarás una gran colección de música, en su mayoría ruidosa. Esto lo descubrí primero en la vida de mi hijo. Me di cuenta que le gustaba mucho el ruido, pero no conocía la intimidad con Dios.

Al notar esto, empecé a hablar con mi hijo acerca de la adoración y la intimidad con Dios. Ahora él está aprendiendo a adorarlo, y aunque sus gustos por la música siguen siendo los mismos, entiende y practica la adoración.

Por supuesto que a mí me gusta el ruido, la celebración. Probablemente la alabanza y la adoración tendrán muchos cambios de estilo musical en los próximos años, y debemos tener un corazón abierto a recibirlos. Siempre sucede así con las nuevas generaciones, pero lo que nunca debe cambiar es la esencia, el corazón de nuestra adoración.

El libro de Job es una cátedra que expone cómo es el corazón de la adoración. Sus páginas comienzan contándonos la historia acerca del momento en que los hijos de Dios fueron a presentarse delante de Jehová Dios, y entre ellos iba Satanás, a quien Dios le preguntó: *"¿De dónde vienes?"*, y él respondió: *"De rodear la tierra y de andar por ella"* (Job 1:7).

Hasta allí, era una conversación normal, todo tenía sentido, pero luego Dios le preguntó algo que parece no tener nada que ver con el tema: *"¿No has considerado a mi siervo Job?"* (Job 1:8).

Lo que Dios le preguntó a Satanás solamente puede ser entendido, cuando sabemos qué hacía Satanás rodeando la tierra y andando por ella. A través de las Escrituras entendemos que Satanás es un imitador de Dios. Así como el Padre busca adoradores, Satanás también los busca. Ni aun Jesús se escapó de esa búsqueda, porque cuando estuvo en la tierra, Satanás lo llevó a un monte muy alto, le mostró todos los reinos del mundo y le dijo que si lo adoraba postrado, se los daría. Como Dios sabía que Satanás estaba rodeando la tierra y buscando adoradores, le preguntó si no había considerado a su siervo Job.

Dios le está diciendo a Satanás: "En Job tienes el ejemplo de un verdadero adorador. Así que, deja de rodear la tierra y andar por ella buscando adoradores".

Satanás sabe que nuestro servicio a Dios, nuestra adoración o nuestro canto, no siempre se traducen en verdadera adoración, así que le responde: *"¿Acaso teme Job a Dios de balde?"* (Job 1:9), y procede a dar una lista de las razones por las cuales Job era un adorador:

"¿No le has cercado alrededor a él y a su casa y a todo lo que tiene? Al trabajo de sus manos has dado bendición; por tanto, sus bienes han aumentado sobre la tierra" (Job 1:10).

Satanás terminó desafiando a Dios diciendo: *"Pero extiende ahora tu mano y toca todo lo que tiene, y verás si no blasfema contra ti en tu misma presencia"* (Job 1:11).

Todos conocen la historia. Dios deja a Satanás intervenir en la vida de Job y este desata una serie de ataques en su contra. Tragedia, muerte, destrucción y ruina.

Después de todo esto: *"Job se levantó, y rasgó su manto, y rasuró su cabeza, y se postró en tierra y adoró, y dijo: Desnudo salí del vientre de mi madre, y desnudo volveré allá. Jehová dio, y Jehová quitó; sea el nombre de Jehová bendito"* (Job 1:20-21).

Después de perderlo todo: "Adoró". La motivación de su adoración no eran las bendiciones ni la protección que Dios le daba. Dios mismo era la razón de su adoración.

Me temo que mucho de lo que nosotros llamamos adoración, es realmente una forma de entretenimiento. Una manera de salir de la rutina. Si después que la música terminó, las luces se apagaron y la gente se fue, tu corazón sigue apasionado por Él, estás en el camino correcto; pero si con la música acaba tu adoración, eso realmente no es adoración.

Jesús dijo que los verdaderos adoradores adorarían al Padre en espíritu y en verdad. La mujer samaritana discutía con Jesús acerca del lugar donde se debía adorar, y el Señor le dijo que la adoración es en espíritu. Al decir esto se refería a que la adoración no tiene que ver con ningún lugar.

Si has limitado tu adoración al tiempo en que estás en la iglesia, no eres un verdadero adorador, porque la adoración no está condicionada a un lugar. Asimismo, la adoración no tiene que ver con formas, estilos, ni siquiera música, porque es en espíritu.

Alguien pudo haber cantado toda su vida y, sin embargo, nunca haber adorado. De la misma manera alguien pudo nunca haber cantado y ser un verdadero adorador. Como director de alabanza, puedo decir que la música es la mejor forma de expresar mi adoración, pero la música por sí misma no es adoración.

CONFORME A SU CORAZÓN

Cuando experimentamos Su presencia en la adoración y empezamos a convivir con Jesús de una manera personal, algo maravilloso empieza a suceder. Nuestro corazón se forma de acuerdo a Su corazón. Es en la mesa del Señor donde somos mudados en "otro hombre", un hombre como Jesús.

Desde que empecé a tener "koinonia" con el Señor, varias cosas empezaron a sucederme. Mientras ministraba personalmente a individuos con mucha necesidad, ya sea en el cuarto de un hospital o en la casa de algún enfermo, Su presencia y Su compasión me inundaban de tal manera que la necesidad de estas personas se volvía mía y me compungía al punto del llanto. Fue en esos momentos que llegué a entender las palabras *"llorad con los que lloran"* (Romanos 12:15).

Durante su tiempo en la tierra, a Jesús lo caracterizaba la compasión: *"Y al ver las multitudes, tuvo compasión de ellas; porque estaban desamparadas y dispersas como ovejas que no tienen pastor"* (Mateo 9:36).

El amor de Jesús era tan grande por Jerusalén que *"cuando llegó cerca de la ciudad, al verla, lloró sobre ella* (Lucas 19:41), y dijo: *"¡Cuantas veces quise juntar a tus hijos, como la gallina a sus polluelos debajo de sus alas, y no quisiste!"* (Lucas 13:34b).

Las palabras de Jesús son como el clamor de una madre herida por el comportamiento de sus hijos. Necesitamos la compasión de Jesús en nuestra vida para poder llorar por los perdidos. Nosotros, por nuestros propios medios no podemos producir amor y compasión; sólo Su presencia puede lograrlo.

En una ocasión, estaba ministrando en un congreso en la ciudad de Monterrey, Nuevo León, México. Al terminar la reunión, salí del auditorio con el portafolio en mis manos, como señal de querer irme rápido, ya que estaba realmente exhausto. Sólo quería llegar al hotel y caer en la cama a dormir. No tenía ganas de hablar con nadie.

De hecho trataba de caminar apresurado para pasar desapercibido, cuando un joven me interceptó y nerviosamente me pidió que orara por él. Coloqué el portafolio entre mis piernas y puse mis manos en los hombros de aquel joven para orar. De pronto sentí la presencia de Jesús a mi lado y Su compasión me inundó. Inexplicablemente empecé a llorar por este joven. Sentí un gran amor por él, lo abracé y estoy seguro que bañé su hombro con mis lágrimas. No podía articular palabra y sólo lloraba con mucha carga.

Cuando terminé de orar por él, había una fila de jóvenes esperando oración. Por ninguno pude orar formalmente, a todos los bañé en lágrimas y cuando quería guardar la compostura y orar específicamente por alguna necesidad, lo único que podía hacer era llorar. Yo no supe qué necesidad tenían esos jóvenes, solo sé que Dios les ministró amor a través de un soldado cansado.

Hay tanta necesidad a nuestro alrededor, pero nuestros ojos naturales no la captan en toda su dimensión. Necesitamos ver a través de los ojos de Jesús el mundo en despojos. Necesitamos sanar con Sus manos el caos humano. Sólo siendo como Él lo lograremos. Y sólo pasando tiempo en Su presencia seremos mudados en Él.

JESÚS ESTÁ CONMIGO

Además de tener un corazón conforme a Su corazón y sentir lo que Él siente por los perdidos, hay otro cambio que se produce en nuestra vida, y tiene que ver con la santidad.

La mayoría de los pecados se cometen cuando estamos lejos de la gente que amamos. Ningún joven peca frente a sus padres. Ningún hombre peca frente a su esposa. Ningún cristiano peca frente a su pastor. Regularmente los pecados son cometidos cuando estamos lejos de personas tan importantes.

Creo firmemente en el principio de rendir cuentas y cuidarnos unos a otros. Regularmente viajo con un grupo de diez personas. Con el paso del tiempo hemos desarrollado algunas reglas de protección, que en cierta forma son una manera de rendir cuentas. Entre ellas está el nunca permitir que alguno de nosotros viaje solo, esté solo en algún aeropuerto, o se quede solo en alguna habitación de hotel. Por supuesto que no pensamos que al quedarnos solos inmediatamente cometeremos alguna locura, pero preferimos actuar así para cuidarnos de no ofender a Dios. Mantenemos regularmente reuniones de oración y discipulado en las que reforzamos nuestro compromiso de rendir cuentas y cuidarnos los unos a los otros. Esto es bueno y continuaremos haciéndolo. Pero creo que hay un nivel más profundo de santidad al que Dios quiere llevarnos. Insisto que nadie peca cuando está con las personas que ama; generalmente lo hacen al estar lejos de ellas.

Cuando comenzamos a tener comunión con Jesús, llega un momento en que Su presencia se vuelve parte de nosotros en cada lugar donde nos encontremos. Siempre está con nosotros, nunca estamos lejos de Él. Si estás en tu casa, allí está contigo. Si vas en el automóvil, Él te acompaña. Al estar en tu trabajo, al estar lejos de casa. En todo lugar Jesús se vuelve tu fiel compañero, y si Él está a tu lado nunca lo ofenderás. Guardarás tu corazón de todo pecado. Tú sabes que Él te está viendo. Tú sabes que Él confía en ti.

Finalmente dejo de pecar no porque mi amigo está conmigo, o porque mi pastor está a mi lado. ¡No! Dejo de pecar ¡porque Jesús está conmigo!

El estribillo de la canción "Jesús, mi fiel amigo", refleja este sentir:

> *Jesús mi fiel amigo*
> *Mi dulce caminar*
> *Quédate conmigo*
> *No quiero volver atrás*

Si Él está conmigo, no pecaré, no volveré atrás, no cometeré los pecados que antes cometía.

LA MESA DE LOS DEMONIOS

El apóstol Pablo dice: *"No podéis participar de la mesa del Señor, y de la mesa de los demonios"* (1º Corintios 10:21).

Por mucho tiempo, Satanás nos engañó haciéndonos creer que no podemos vivir una vida en santidad. Nos excusamos diciendo que somos humanos, o que estamos rodeados de mucho pecado y que es muy difícil mantener la santidad, o aún peor, mal interpretamos la gracia de Dios.

Escuché a algunos líderes decir que no se requiere ningún esfuerzo para vivir una vida en santidad porque esta viene por gracia como la salvación. Aunque estoy de acuerdo que la santidad es por gracia, y sin ella nadie puede alcanzarla, no importa cuánto la anhelé, esto no significa que no debo poner de mi parte y esforzarme para alcanzar la santidad. Tendríamos que ignorar muchos versículos de las Escrituras para aceptar esa postura, versículos que nos hablan de esforzarnos y luchar en contra del pecado en nuestra vida (Hebreos 12:1,4, Efesios 4:22, 1º Corintios 9:24-25, Filipenses 1:27, 3:12-13, 1º Pedro 2:11).

Aquel que anhela comer de la mesa del Señor y tener comunión e intimidad con Él, debe menospreciar las mesas que el enemigo le pone enfrente.

Así como en la relación matrimonial, tener intimidad con alguien que no sea el cónyuge es adulterio, comer de la mesa de los demonios es adulterio espiritual. Adán y Eva comieron de la mesa de los demonios y tuvieron que salir del jardín en el que tenían intimidad con Dios. Dios es celoso del compañerismo, y cuando tenemos comunión con las tinieblas, deja de tener comunión con nosotros.

Al decir que no debemos participar de la mesa de los demonios no me refiero a vivir una vida perfecta, o que nunca más pecaremos. Decir que no tenemos pecado en nuestra vida es hacer a Dios mentiroso. Habrá ocasiones en las que de modo circunstancial o accidental caeremos en algún tipo de pecado, pero no de una manera deliberada o intencional.

La clave está en la actitud que tenemos en contra del pecado. Debemos aborrecer el pecado y amar la justicia, y esto vendrá como resultado de habernos sentado a la mesa del Señor.

Desdichadamente aquellos que caen en lazo del enemigo y participan de la mesa de los demonios, tarde o temprano descubrirán que lo que comieron, aunque lo hayan disfrutado, fue pan de aflicción.

VIDA SECULAR Y VIDA ESPIRITUAL

Como creyentes hemos desarrollado una forma de pensar que no es bíblica. Este pensamiento tiene que ver con hacer una separación entre lo secular y lo espiritual en nuestra vida.

Todos hemos dicho o hemos escuchado a personas hablar acerca de su vida secular y su vida espiritual. Su trabajo secular, y su trabajo espiritual. Parece ser que para la mayoría de los cristianos estas dos áreas siempre están en conflicto, porque tienen metas distintas.

Cuando vivimos con este tipo de mentalidad nos es muy fácil evitar tomar responsabilidad de algunas de nuestras acciones, que no van de acuerdo a la voluntad de Dios.

Es necesario entender que esta forma de pensar y vivir la vida cristiana no es bíblica, y por lo tanto no funciona. La Biblia no da lugar a esta ambivalencia. Yo no puedo hacer una separación en mi vida de las cosas espirituales y las no espirituales. Mi relación con Dios debe de afectar todas las áreas de mi vida: mi trabajo, mis relaciones, mis finanzas, mi educación, etc.

Cuando Jesús no es parte de todo lo que hago, claudico entre dos pensamientos, sirvo a dos señores, y en vez de recoger, desparramo. Cuando vivimos así, caemos en un sinnúmero de pecados, pero cuando permitamos que Jesús entre en todas estas áreas de nuestra vida, seremos vencedores.

"Sobre toda cosa guardada, guarda tu corazón; porque de él mana la vida".

—PROVERBIOS 4:23

CAPÍTULO 7

Un jardín en mi corazón

En la actualidad hay mucha adoración pública, pero muy poca adoración íntima, privada y personal. La adoración pública sin un respaldo de la adoración personal es una forma de hipocresía.

¿Qué pensarías del hombre que delante de los demás trata a su esposa con todo tipo de atenciones y cariños, pero en privado la ignora? Dirías que sólo está tratando de impresionar a los demás, ¿verdad? Creerías que sólo lo hace para cumplir con un requerimiento social en el que se espera que el hombre trate bien a su esposa, actúa de esa manera para que los demás se lleven esa impresión.

Lo mismo se puede aplicar a nuestra adoración pública sin su complemento privado. La verdadera vida espiritual es la que desarrollamos en la intimidad, no en una reunión de adoración pública.

EL PODER DE LA ADORACIÓN PÚBLICA

Estoy totalmente convencido del poder que alcanza la Iglesia cuando adora unida. Cada vez que levantamos nuestras voces en algún edificio, estadio o auditorio, entramos en un terreno de guerra espiritual. Cuando alzamos nuestra voz en alabanza, toma lugar una confrontación directa con el reino de las tinieblas. Cuando nos reunimos y alabamos al Señor, estamos diciendo: "¡Quién como tú, Señor! ¡Quién como tú entre los dioses!". Esta ha sido una expresión de alabanza muy importante a través de las Escrituras.

Satanás cree que él es como Dios, y también busca adoración, cuando solamente es un remedo de Dios. Él siempre ha buscado la adoración, y cuando nos reunimos como Iglesia a adorar entramos en una guerra de dioses, en la que le decimos al enemigo: "¡El único digno de alabanza es Dios!"

La adoración pública de la Iglesia tiene mucho poder, porque el Cuerpo de Cristo es la institución más poderosa sobre la faz de la tierra. A veces esperamos en sistemas políticos o gobiernos para resolver los problemas de nuestro país, y nos olvidamos que el poder para cambiar las naciones está en la Iglesia.

Cuando nos reunimos a adorar juntos, unidos como Iglesia, la devastación que causamos en el reino de las tinieblas es cuantiosa.

Jesús dijo acerca del poder de la Iglesia que *"...las puertas del Hades no prevalecerán en contra de ella"* (Mateo 16:18). Pero es también muy cierto que la efectividad de la Iglesia sería mayor si cada miembro respaldara su adoración pública con una vida privada de adoración.

DOS NIVELES DE INTIMIDAD

Para desarrollar una vida de adoración íntima y personal es necesario entender que hay dos niveles de intimidad que se llevan a cabo en diferentes lugares: uno es físico y el otro es "no físico", más bien es espiritual.

Jesús se refirió al lugar físico cuando habló del lugar secreto de oración: "Nuestro aposento" (Mateo 6:6). Ese lugar al que podemos retirarnos para orar a nuestro Padre.

Jesús no sólo habló de ese lugar, sino que nos dio el ejemplo de tener un aposento. La palabra aposento hace referencia a una cámara secreta, un clóset, un lugar apartado. El aposento de Jesús fue el huerto, el monte; siempre encontraba el lugar para hacer de él su aposento, y hallaba el tiempo para separarse y hablar con el Padre.

Cada hijo de Dios debe tener un lugar para apartarse y buscar al Padre. Este lugar debe ser libre de distracciones. No debe ser un lugar por donde la gente esté transitando, o donde el teléfono esté sonando. Debe ser un lugar cómodo, pero no lo suficiente como para quedarnos dormidos.

Mi aposento es el comedor de mi casa, antes que mi esposa y mis hijos se levanten. Allí platico con Dios y pongo el día en sus manos. Cierro las puertas de las habitaciones que rodean el comedor, y de esa manera no despierto a mi familia al momento de orar.

Escuché testimonios de hombres de Dios que han escogido lugares específicos para que sean su aposento. Algunos tienen literalmente un clóset, en el que diariamente buscan a Dios.

El otro lugar de intimidad "no físico" al que me refiero, es el corazón; de él habló Jesús en Apocalipsis 3:20, cuando dijo: "Entraré a él".

"Entramos" al aposento, al lugar de intimidad físico, pero "dejamos entrar" a Jesús al lugar de intimidad espiritual, porque allí está nuestro corazón.

Este lugar de intimidad es el secreto del Señor, es allí donde Él nos revela sus misterios. Y aunque todos tenemos un corazón, no todos experimentamos la presencia del Señor en él.

El lugar de intimidad espiritual es más profundo que el físico. La mayoría de las personas pasan la vida en el lugar de intimidad físico, sin conocer el espiritual. Esto sucede porque el lugar de intimidad espiritual no se disfruta por esfuerzo personal, sino por sensibilidad espiritual, y estamos demasiado orientados al esfuerzo personal y la disciplina.

Descubrí que las mujeres son más sensibles que nosotros, los hombres, para experimentar el lugar de intimidad espiritual. La fe de ellas es mucho más sencilla. Su relación con Dios tiene menos complicaciones. A través de la vida de mi esposa aprendí a ser más sensible a la voz de Dios.

En una oportunidad, estaba escribiendo en mi cama, y me levanté a buscar un libro. Hacía un tiempo había leído una historia que me había impactado mucho, pero no recordaba en qué libro se encontraba. Como quería incluirla en una prédica que estaba preparando, comencé a buscarla. Después de hacerlo por algunos minutos regresé frustrado a la cama.

Mi esposa, que estaba leyendo a mi lado, me preguntó qué estaba buscando. Le comenté acerca de la historia del libro, y con mucha naturalidad me respondió: "Pregúntale al Señor por el libro y Él te dirigirá a encontrarlo". Inmediatamente pensé: "Al Señor no hay que molestarlo con este tipo de cosas", pero por supuesto que no se lo dije.

Sin embargo, como las mujeres tienen un sexto sentido, volteó a mirarme y me dijo: "No lo crees ¿verdad? Pregúntale", —insistió. Luego agregó: "Diariamente le pregunto al Señor acerca de cosas que necesito encontrar en la casa y siempre me guía al lugar preciso".

Después de debatir un poco en mi mente, fingí que iba al baño y aproveché para orar ligeramente al Señor, y decirle: "Ayúdame a encontrar este libro". Al salir del baño, caminé a la oficina y a lo lejos vi la biblioteca. Sin pensar en alguna dirección especifica, señalé con el dedo, y continué caminando hasta que mi dedo se posó sobre el lomo de un libro. Lo tomé, y al ver el título, inmediatamente pensé: "La historia que busco no está aquí, ¿para qué le hice caso a mi esposa?".

Pero aun así, miré el índice, y encontré un capítulo que hablaba exactamente del tema acerca del cual estaba escribiendo. Busqué ese capítulo, y para mi sorpresa allí estaba la historia que buscaba. Rápidamente regresé a la cama muy emocionado a contarle el testimonio a mi esposa.

Aprendí una gran lección, ¿no crees? Como hombre, estoy acostumbrado a consultar a Dios para asuntos "relevantes", como por ejemplo su voluntad para este año, su guía para tomar decisiones importantes, etc. Pero a través de mi esposa aprendí a tener una fe más sencilla. Ese es el tipo de fe que se requiere para escuchar Su voz llamando a nuestro corazón, para tener intimidad con Él.

Además de la sensibilidad, noté que muchos hombres tienen dificultad para identificarse con el lenguaje del amor cuando es aplicado al Señor, como el libro de Cantares lo presenta.

Las palabras, "novia", "amada", "esposa", "enamoramiento", "besos de su boca", que expresan la relación entre Cristo y la Iglesia, son difíciles de digerir por muchos hombres. Esto se debe en gran parte a nuestro falso concepto de la hombría, y a una mala interpretación de esos pasajes bíblicos.

El tener sentimientos y expresarlos no nos hace menos hombres, todo lo contrario. Para poder experimentar la intimidad con Dios debemos quitarnos la armadura y hacer a un lado el escudo de protección que por tanto tiempo hemos llevado. Esa armadura es útil cuando vamos contra el enemigo, pero no cuando vamos a sentarnos a la mesa con un Dios de amor y misericordia.

UN LUGAR ADECUADO PARA JESÚS

Así como el lugar físico de intimidad debe ser cómodo para nosotros, también el lugar espiritual de intimidad necesita ser cómodo para el Señor. Él se ha tomado la libertad de adecuarlo para que sea un lugar digno de Él.

En ese lugar de intimidad espiritual que es nuestro corazón, Dios plantó un precioso jardín, en el que desea pasearse.

El jardín del cual Adán y Eva fueron expulsados por su pecado, ahora fue plantado en nuestro corazón. El deseo de Dios es pasearse en él cada día y platicar con nosotros, como lo hacía diariamente con Adán y Eva antes de la caída.

Él plantó ese jardín y ahora nosotros debemos adaptarlo a las necesidades del Señor. ¿Qué es lo que el Señor necesita en el lugar que mora?

Cuando Dios le dio instrucciones a Moisés para que construyera el tabernáculo, el lugar donde el Señor habitaría, le dijo: *"Y harán un santuario para mí, y habitaré en medio de ellos"* (Éxodo 25:8).

La palabra santuario significa: "lugar separado" o "lugar santo".

El requisito para que el Señor habite en nuestro corazón es que este debe convertirse en un santuario. Él ahora no habita en templos hechos de manos; nosotros quisimos ponerlo allí. La presencia del Señor hoy se encuentra en el lugar donde estamos; ya que nosotros somos Su templo (1° Corintios 6:19).

El jardín del Edén no sólo fue hecho para que Adán y Eva lo disfrutasen, Dios también lo disfrutaba.

Dentro del jardín que Dios plantó en nuestro corazón, Él ha hecho correr ríos de agua viva. El Espíritu de Dios es el agua de vida. Agua que sacia y refresca, purifica y limpia. Diariamente, el Espíritu Santo limpia nuestro corazón para que el Señor pueda morar en Él.

¿Te has encontrado con el Amado en este día?

¿Has platicado con Él?

GUARDANDO NUESTRO CORAZÓN

Dios le dio a Adán la tarea de guardar el huerto en el que había sido puesto, pero él no lo hizo. Satanás, en forma de serpiente, tomó control y los hizo caer.

Dios ahora nos dice: *"Sobre toda cosa guardada, guarda tu corazón..."* (Proverbios 4:23). Es en nuestro corazón donde ahora está ese huerto. No debemos dejar que la serpiente antigua entre a nuestro jardín y nos haga pecar en contra de nuestro Dios.

Es triste decirlo, pero al igual que Adán y Eva, muchos han descuidado ese jardín y Jesús no puede morar allí.

El apóstol Pablo dijo a la iglesia de los corintios: *"Pero temo que como la serpiente con su astucia engañó a Eva, vuestros sentidos sean de alguna manera extraviados de la sincera fidelidad a Cristo"* (2° Corintios 11:3).

No debemos dejar que la serpiente tome control otra vez. Si así sucede, la intimidad con Dios se verá interrumpida.

Mientras estaba en la habitación de un hotel en la ciudad de Fresno, California, en los Estados Unidos, en un momento de adoración personal llegó a mi corazón este entendimiento. ¡Necesito cuidar el jardín que Dios plantó en mi corazón!, y sin piano ni guitarra, empecé a cantar esta canción:

UN JARDÍN EN MI CORAZÓN

Dentro de mí, en mi corazón
Hay un jardín que Dios plantó.
Donde pasea el bendito Señor,
Donde me encuentro con mi Salvador.
Ríos de agua viva, Él ha hecho en mí correr,
Y una fuente eterna inundando todo mi ser.
Quiero cuidar este jardín,
Que sea una casa para Ti,
Y diariamente pueda en él Tu voz oír.
Quiero cuidar este jardín,
Que sea digno para Ti,
Y fruto bueno de mí puedas recibir.

¿Cómo está el jardín de tu corazón?

ESPINAS Y CARDOS

Durante un tiempo me tocó vivir en la sierra del estado de Sonora, en México. Como parte de un programa de preparación para el ministerio me enviaron a pastorear una pequeña congregación en un pueblo entre las montañas.

La fuente de trabajo del pueblo era la agricultura y la ganadería. Así que mi labor no sólo era espiritual, como predicar y dirigir alabanza; también consistía en trabajar en el campo llevando a cabo diferentes tareas. Una de ellas era ir cada semana a los campos de siembra y sacar espinas y cardos de entre los surcos. La semana anterior ya habíamos arrancado de raíz todas las espinas y los cardos que habíamos visto, pero habían crecido nuevamente.

El dueño de los campos me explicó que si quería recoger una buena cosecha tenía que limpiar los surcos constantemente, de esta manera el fruto crecería sano y sin obstáculos.

También me explicó que aunque arrancáramos de raíz los cardos y espinas de los surcos volverían a crecer porque el viento llevaba todo tipo de semillas que caían entre los surcos, especialmente de espinas. Estas tenían la peculiaridad de reproducirse muy rápidamente.

Así es nuestro corazón. Constantemente tenemos que sacar de

raíz todas aquellas cosas que lo afean y que nos impiden llevar fruto que permanece. Al igual que las espinas, el pecado tiende a "reproducirse" en nosotros cuando no lo limpiamos nuestro corazón constantemente.

No debemos ser negligentes con el cuidado de nuestro corazón. *"Pasé junto al campo del hombre perezoso, y junto a la viña del hombre falto de entendimiento; y he aquí que por toda ella habían crecido los espinos, ortigas habían ya cubierto su faz, y su cerca de piedra estaba ya destruida"* (Proverbios 24:30-31).

Para que el jardín de nuestro corazón se mantenga limpio se necesita diligencia y cuidado constante.

David oraba: *"Examíname, oh Dios, y conoce mi corazón; pruébame y conoce mis pensamientos; y ve si hay en mí camino de perversidad"* (Salmo 139:23-24), esa debe ser nuestra oración diaria.

Cuando no cuidamos nuestro corazón para que more el Señor, será ocupada por el enemigo.

ÉL SE PASEA EN LOS JARDINES

Adán y Eva oían la voz de Dios cuando se paseaba por el huerto. Cuando medito en esto, no puedo evitar pensar en la emoción que la voz de Dios provocaba en el corazón de Adán y Eva.

Tal vez estaban sentados a la orilla de algún arrollo cristalino con sus pies dentro del agua, comiendo una fruta, cuando de repente escuchaban la voz de Dios. Se mirarían el uno al otro, con sus rostros iluminados de alegría y expectación. Entonces se apresuraban a su encuentro. Guiados por la voz de Dios, corrían entre los árboles y por los montes, como la sulamita cuando gritaba: *"¡La voz de mi amado! He aquí él viene saltando sobre los montes, brincando sobre los collados... Mi amado habló, y me dijo: Levántate, oh amiga mía, hermosa mía, y ven"* (Cantares 2:8-10).

Hoy más que nunca, muchos oyen su voz y tienen intimidad con el Amado. *"Oh, tú que habitas en los huertos, los compañeros escuchan tu voz; házmela oír"* (Cantares 8:13).

Es inspirador cuando alguien nos cuenta que escuchó la voz de Dios, pero esto no debe ser suficiente para nosotros. Es emotivo escuchar a un predicador hablar acerca de sus encuentros con Dios, pero no podemos detenernos allí.

Él habita en los huertos...

Él se pasea en los jardines...

"Ciertamente la viña de Jehová de los ejércitos es la casa de Israel, y los hombres de Judá el huerto de su deleite" (Isaías 5:7, Versión parafraseada).

¡Qué maravilloso! ¿verdad? ¡Él encuentra deleite en nuestro corazón!

Él quiere pasearse en tu jardín, como se ha paseado en el jardín de muchos. Tú puedes decirle como declara Cantares: "Hazme oír tu voz", pero para que esto suceda, el jardín de tu corazón debe ser digno de Él, debe ser santo y puro.

¿Has escuchado su voz en el huerto llamándote?

LUGARES DE REPOSO

Además de la intimidad, hay otros propósitos para nuestra vida al escuchar la voz de Dios.

"Por lo cual, como dice el Espíritu Santo: Si oyereis hoy su voz, no endurezcáis vuestros corazones, como en la provocación, en el día de la tentación en el desierto... y dije: Siempre andan vagando en su corazón, y nos han conocido mis caminos. Por tanto, juré en mi ira: No entrarán en mi reposo" (Hebreos 3:7, 8, 10, 11).

Dios aún sigue hablando.

El Espíritu Santo en este pasaje nos recuerda que debemos ser sensibles, con un corazón dispuesto.

El pueblo de Israel no escuchó la voz de Dios a causa del pecado, y no entraron al reposo que Dios tenía preparado para ellos. De acuerdo con el autor de Hebreos, este reposo no se refiere a la tierra prometida. *"Porque si Josué les hubiera dado el reposo, no hablaría después de otro día"* (Hebreos 4:8).

Aunque Josué, Caleb y la nueva generación que nacieron en el desierto entraron a la tierra prometida, se continúa hablando de otro reposo. *"Por tanto, queda un reposo para el pueblo de Dios"* (Hebreos 4:9), así que, de acuerdo al autor de Hebreos, la promesa de entrar en el reposo de Dios aún permanece (Hebreos 4:1). Dios tiene un lugar de reposo para todos sus hijos. Y Su voz quiere hacernos entrar en él.

La palabra "entrar" hace referencia a ingresar a cierto estado, a cierta forma, a un nuevo estilo de vida. El reposo habla de un descanso, haciendo referencia a bonanza. El salmista dijo: *"...en lugares de delicados pastos me hará descansar"* (Salmo 23:2).

El pecado trae cansancio, provoca envejecimiento. No hay nada más estresante para un hijo de Dios que vivir en pecado. Cada vez que como hijos de Dios desobedecemos, Su Espíritu Santo nos redarguye. Pero cuando no nos arrepentimos y luego continuamos pecando, el estrés viene a nuestra vida trayendo ansiedad, alteración nerviosa y preocupación. Todo esto provoca envejecimiento. Por eso David decía: *"Mientras callé, se envejecieron mis huesos..."* (Salmo 32:3), y *"Mi pecado está siempre delante de mí"* (Salmo 51:3).

El Espíritu Santo se encargará de que no nos olvidemos de la situación que estamos viviendo. El papel principal del Espíritu Santo en nuestra vida es guiarnos a toda verdad y a toda justicia. Él insistirá hasta que retornemos al camino del bien y la justicia.

Mientras no nos arrepintamos, la descripción del libro de Proverbios acerca del pecador sin descanso será el estado de nuestra vida: *"Huye el impío sin que nadie lo persiga"* (Proverbios 28:1). Y cuando huimos, nos cansamos y envejecemos.

El pueblo de Israel fue seducido por el error y el pecado. Un corazón en pecado no tiene reposo. San Agustín le dijo al Señor: *"Nuestro corazón no tiene reposo hasta que te encuentra"*.

Un corazón en pecado es un corazón endurecido que divaga. *"...siempre andan vagando en su corazón"* (Hebreos 3:10), dice el autor de Hebreos. Esto hace que el corazón no encuentre descanso, que esté agobiado y sin reposo.

Jesús dijo: *"Venid a mi todos los que estáis trabajados y cargados, y yo os haré descansar. Llevad mi yugo sobre vosotros, y aprended de mí, que soy manso y humilde de corazón; y hallaréis descanso para vuestras almas; porque mi yugo es fácil, y ligera mi carga"* (Mateo 11:28-30).

De nada sirve que hayamos conocido al Señor; si en nuestro corazón hay pecado, no habrá reposo. Que hayamos salido de

Egipto no significa necesariamente que hemos entrado a la tierra prometida. Muchos siguen dando vueltas en el desierto por continuar en el pecado.

Al hablar Dios con el pueblo de Israel les preguntó:

"¿Me ofrecisteis sacrificios y ofrendas en el desierto en cuarenta años, oh casa de Israel? Antes bien, llevabais el tabernáculo de vuestro Moloc y Quiún, ídolos vuestros, la estrella de vuestros dioses que os hicisteis" (Amós 5:25-26).

Se cree que el pueblo de Israel llevaba entre sus vestimentas los ídolos que habían aprendido a adorar en Egipto. Muchos asisten a las reuniones con los ídolos de Egipto entre sus vestimentas, con un corazón dividido que no tendrá reposo.

Dios quiere llevarnos a un estado espiritual de reposo, y el autor del libro a los Hebreos nos amonesta diciendo: *"Procuremos, pues, entrar en aquel reposo"* (Hebreos 4:11).

La intimidad con Dios nos da ese reposo. Sólo sentados a la mesa con Él, escuchándole hablar, encontraremos la paz que nuestra alma necesita.

¿Por qué gastáis vuestro dinero
en lo que no es pan, y vuestro
trabajo en lo que no sacia?

—Isaías 55:2

CAPÍTULO 8

Jesús: El pan que descendió del cielo

En la escuela aprendí que la realización total del individuo se lleva a cabo a medida que suplimos nuestras necesidades, siguiendo el orden piramidal llamado "la pirámide de Maslow" [1].

En esta pirámide, la necesidad que sirve como fundamento y primer escalón, es la necesidad de alimento, de pan.

El pan representa lo elemental, lo básico. Nadie puede aspirar a realizarse como individuo en otras áreas de su vida si primero no suple esta necesidad.

EL PRIMER CONTACTO CON "LA CARNE"

En mayo de 1995 realicé un ayuno total de treinta días; sólo tomaba agua. Anteriormente había hecho ayunos de tres a diez días, pero esta vez, debido a algunas situaciones que ameritaban sensibilidad espiritual, decidí hacer un ayuno más prolongado.

El alimento es nuestro primer contacto con "la carne". Cuando dejamos de comer y cortamos este primer contacto, hay una desconexión con otras áreas de la carne, y como resultado de ello nuestro espíritu se sensibiliza.

En la mayoría de las ocasiones, el obstáculo más grande para alcanzar la victoria en nuestra vida no es el diablo, es nuestra propia carne. Jesús les dijo a los discípulos en el huerto de Getsemaní: *"El espíritu a la verdad está dispuesto, pero la carne es débil"* (Marcos 14:38).

Antes de ser otra cosa, somos espíritu. Esa es la esencia de nuestro ser. Dios nos hizo espíritu, y a nuestro espíritu le dio un cuerpo que formó del polvo de la tierra.

Cuando morimos, nuestro cuerpo vuelve al polvo y nuestro espíritu vuelve a Dios que lo dio (Eclesiastés 12:7). El espíritu de toda persona siempre está buscando "volver a Dios", es como una brújula en nuestro interior que siempre apunta hacia el norte, apunta hacia Dios porque reconoce su origen y a su hacedor, pero la carne siempre se opone.

Como hijos de Dios, nuestro espíritu fue redimido y por ello busca más las cosas de Él, pero nuestra carne no está dispuesta. Jesús enseña que no tendremos victoria a menos que venzamos la carne. El ayuno la vence. Jesús inició su ministerio terrenal con un ayuno de cuarenta días (Mateo 4:1-11) y venció a la carne.

Jesús venció la tentación de "convertir las piedras en pan". En ella estaban representados todo los pecados que tienen que ver con la carne. Por eso, cuando cortamos el contacto con la carne dejando el alimento, automáticamente cortamos con otros pecados de la carne.

Como es típico de los ayunos, los primeros tres a cinco días son difíciles, debido a que nuestro cuerpo está sintiendo la falta de alimento.

Los primeros berrinches que nuestro cuerpo expresa son dolores de cabeza, mareos y antojos. Los platillos más deliciosos que hemos comido a través de nuestra vida regresan a la mente. Caprichosamente nuestro cuerpo exige comida tratando de convencer a nuestra mente que no puede resistir.

Hay una gran diferencia entre hambre y antojo. Hambre tiene

que ver con una necesidad real de alimento, y antojo es sólo el deseo de satisfacer una necesidad de placer que cierto alimento puede producir.

La mayoría de la gente no conoce el hambre real, porque siempre están supliendo todos los antojos de su cuerpo. El hambre duele.

Después de algunos días de ayuno los antojos se van y sólo permanece el hambre. Es entonces cuando descubrimos el verdadero significado y valor de una pieza de pan.

El pan es la necesidad básica del ser humano, es la esencia de la vida misma, es sustento y energía. Como dice el salmista: *"...y el pan que sustenta la vida del hombre"* (Salmo 104:15), por eso la falta de pan es falta de vida.

En tiempos de hambruna, para aquel que tiene hambre, una pieza de pan vale más que todo el oro del mundo.

Cuando el hambre golpea fuerte, el hombre aun hurtará para saciar su necesidad de pan. La Biblia dice que al hombre que hurta por hambre, no se le mide con la misma medida que se mide a cualquier otro ladrón. *"No tienen en poco al ladrón si hurta para saciar su apetito cuando tiene hambre"* (Proverbios 6:30).

Esta actitud hacia el que roba por hambre se debe al hecho que entendemos la importancia del pan para poder sobrevivir.

Diariamente en el mundo, miles y miles de personas mueren por falta de pan. Ahora mismo mientras escribo hay miles y miles de refugiados afganos, tratando de cruzar la frontera para entrar a Pakistán. Se dice que en este tipo de éxodos un cincuenta por ciento de las personas mueren por la falta de pan. El mundo entero tiene hambre, pero hambre de pan espiritual.

La invitación de Jeremías es tan real ahora como lo fue en su tiempo: *"Levántate, da voces en la noche, al comenzar las vigilias; derrama como agua tu corazón ante de la presencia del Señor; alza tus manos a él implorando la vida de tus pequeñitos, que desfallecen de hambre en las entradas de todas las calles"* (Lamentaciones 2:19).

Las personas tratan de saciar su hambre espiritual de muchas formas. En la actualidad, el pecado y sus diferentes representaciones han alcanzado niveles escandalosos. A través de los medios de comunicación se ha desatado una popularización y globalización del pecado sin precedentes. Todas estas formas de pecado son un grito desesperado en el corazón de las personas por el hambre de pan espiritual que hay en su alma, y no hallan como saciarla.

Hace miles de años el profeta Isaías declaró a aquellos que buscaban saciar su hambre espiritual, lo siguiente: *"¿Por qué gastáis el dinero en lo que no es pan, y vuestro trabajo en lo que no sacia?"* (Isaías 55:2).

Pero aún no hemos aprendido la lección, seguimos gastando nuestro dinero en lo que no es pan.

PADRE DE MENTIRA

Jesús dijo: *"¿Qué padre de vosotros, si su hijo le pide pan, le dará una piedra? ¿o si pescado, en lugar de pescado, le dará una serpiente? ¿o si le pide huevo, le dará un escorpión?"* (Lucas 11:11-12).

Hay un padre que sí está dando piedras, serpientes y escorpiones, él es el *"padre de mentira"* (Juan 8:44). Él vio el hambre del mundo que pide pan y los engañó con alimentos que tienen apariencia de pan, pero al final, hacen tropezar como las piedras, inyectan veneno como los escorpiones, muerden y provocan muerte como las serpientes.

Jesús dijo a sus discípulos: *"Yo soy el pan de vida; el que a mí viene, nunca tendrá hambre"* (Juan 6:35). Sólo Él puede saciar el hambre de un mundo desesperado.

El mismo profeta Isaías habló del pan que un día Jesús proveería para nosotros: *"A todos los sedientos: Venid a las aguas; y los que no tienen dinero, venid, comprad, comed..."* (Isaías 55:1).

El pan de vida a través de Jesús es el regalo de Dios para el mundo. Los que no tienen dinero pueden comprar pan. Comprar sin dinero es una forma de interpretar lo que es la gracia de Dios. No tenemos dinero suficiente para comprar el pan de vida. Todo el oro del mundo no alcanzaría para adquirirlo, pero podemos obtenerlo sin dinero. ¡Él nos lo ofrece como un regalo!

Maslow tenía razón, la realización total del ser humano llegará cuando su necesidad más fundamental haya sido suplida, su necesidad de pan, pero de pan espiritual.

El que se alimenta solamente de pan material, realmente no vive. Por eso, la Palabra dice: *"No sólo de pan* (pan material) *vivirá el*

hombre, sino de toda palabra que sale de la boca de Dios" (Mateo 4:4).
Jesús es la Palabra que salió de la boca de Dios. ¡Él es la Palabra hecha carne! Él es el verbo encarnado. Además del pan natural necesitamos la Palabra que sale de la boca de Dios para realmente vivir. Necesitamos ese pan cada día. Jesús mismo nos enseñó a orar: *"El pan nuestro de cada día, dánoslo hoy"* (Mateo 6:11).

Dios alimentaba con maná del cielo al pueblo de Israel en el desierto, pero el pan tenía que ser recogido diariamente. Ese acontecimiento diario en el desierto apuntaba a Jesús, el pan que un día descendería del cielo para saciar nuestra hambre.

Él es el pan que necesitamos cada día, y como los hebreos recibían el maná diariamente en el desierto, nosotros necesitamos comer cada día del pan de vida que es Jesús. Él es nuestra necesidad básica.

> *Cuando flaquea mi fe*
> *Y siento desfallecer,*
> *Cuando no puedo seguir*
> *Y faltan fuerzas en mí,*
> *Puedo a la mesa venir,*
> *Y puedo el pan compartir.*
>
> *Es Jesús el pan de vida,*
> *El maná de mi desierto,*
> *Mi energía mi sustento,*
> *Es Jesús el pan de vida.*
> *Mi necesidad primera,*
> *Y sin Él yo nada fuera,*
> *Porque Jesús es pan de vida eterna.*

¡Él es el único que da verdadera vida!

Él es el pan que descendió del cielo para dar vida a los hombres, y es el único que puede llenar nuestra necesidad más elemental.

Jesús nació en Belén. Acertadamente "Belén" significa "casa de pan"; allí nació "el pan" que da vida a los hombres. El que rehúsa a Jesús rechaza lo único que puede suplir su necesidad primordial.

Lo que comí a lo largo de toda mi vida se ha vuelto parte de mí, me ha formado físicamente. Si hubiera rechazado el pan, el alimento, no hubiera sobrevivido, porque el pan es la necesidad básica. Jesús dice que si no comemos su carne y bebemos su sangre, no tendremos vida, y nada es más cierto que esto.

Muchos cristianos sufren de desnutrición espiritual, no comen del pan de vida que es Jesús. Si rechazo a Jesús, rechazo la vida misma, pero comer del pan de vida también significa morir a mí mismo. Esta es una aparente contradicción, pero sólo cuando lo vivimos podemos entenderlo.

Mi cuerpo es el resultado de lo que como. Cuando ingiero algo me transformo en lo que comí. Soy el producto de lo que comí a lo largo de toda mi vida. Mi cuerpo extrajo de los alimentos todas las proteínas, las vitaminas, los minerales, etc., para formarme y ser lo que ahora soy.

Jesús dijo a sus oyentes: *"Si no coméis la carne del Hijo del Hombre, y bebéis su sangre, no tenéis vida en vosotros"* (Juan 6:53).

La Biblia explica que cuando Jesús dijo estas palabras, la multitud se ofendió gravemente y lo dejó, diciendo: *"Dura es está palabra; ¿quién la puede oír?"* (Juan 6:60).

¿Por qué era tan dura esta palabra? Porque atentaba contra el individualismo, contra el orgullo personal. Uno de los obstáculos más grandes para comer el pan de vida, que es Jesús, es el orgullo personal, el aferrarnos a nuestro individualismo.

La desnutrición espiritual de muchos creyentes se debe a que no quieren renunciar a sí mismos y comer el pan de vida.

Jesús le dijo a la multitud que tenían que morir a sí mismos y dejar que Él viviera en ellos. Esta palabra los ofendió. Pero nunca experimentaremos la verdadera vida hasta que comamos del pan de vida, que es Jesús.

El apóstol Pablo vivía las palabras de Jesús, y nos amplió el panorama cuando declaró: *"Con Cristo estoy juntamente crucificado, y ya no vivo yo, mas vive Cristo en mí..."* (Gálatas 2:20). Básicamente estaba diciendo: "He comido su carne he bebido su sangre, he muerto a mí mismo, y ahora Él vive en mí". Es en la mesa del Señor donde podemos comer del pan de vida que es Jesús.

Cuando el Señor comió la última cena con sus discípulos, partió el pan y les dijo: *"Tomad, comed; esto es mi cuerpo"* (Mateo 26:26). En la cena, Jesús se sienta con nosotros a compartir el pan, pero Él mismo es el pan partido, por eso cuando lo comemos morimos a nosotros mismos.

Cuando no conocemos a Jesús, toda nuestra vida es un "ayuno". Hemos sufrido hambre innecesariamente. Por eso, cuando llegamos a Él estamos hambrientos y débiles.

MURIENDO A NOSOTROS MISMOS

Cuando diariamente comes de Él; mueres a ti mismo. Él comienza a cobrar vida en ti. Como resultado de ello empiezas a actuar como Él, a pensar como Él piensa, porque ahora tienes la mente de Cristo.

Muerte es separación. Cuando muero a mí mismo me separo de mis deseos y ambiciones. Cuando rechazo a Jesús, el pan de vida, empiezo a comer pan de iniquidad, porque no hay término medio.

Jesús dijo: *"El que no es conmigo, contra mí es; y el que conmigo no recoge, desparrama"* (Lucas 11:23). O comemos de la mesa de Jesús o comemos de la mesa de los demonios, pero no podemos hacer las dos cosas al mismo tiempo.

1. Maslow

"...Fue hecho el primer hombre
Adán alma viviente;
el postrer Adán, espíritu vivificante"

— 1º CORINTIOS 15:45

CAPÍTULO 9

El último Adán

Jesús no sólo es la imagen misma de la sustancia de Dios, también es el espejo en el cual podemos miramos. Él es lo que Dios tenía en mente cuando nos creó, antes que el pecado lo distorsionara todo.

Antes de pecar, Adán era un hombre como Jesús, porque Él era *"figura del que había de venir"* (Romanos 5:14), en diferentes maneras:

Al igual que Jesús, Adán también era hijo de Dios (Lucas 3:38).

Al igual que Jesús, Adán también tenía una relación íntima con el Padre, y diariamente se paseaba con Él por el huerto.

Al igual que Jesús, Adán fue tentado y falló, pero Jesús salió victorioso.

Al igual que Jesús, Adán era un hombre puro e íntegro hasta que el pecado llegó a su vida.

Adán tenía una esposa, y esta lo indujo al pecado. Jesús

tiene también una esposa (la Iglesia) y la santifica con su amor.

Al igual que Jesús, Adán también era un representante de la raza humana. Al fallar, Adán no sufrió solo las consecuencias de su desobediencia, sino que toda la raza humana sufrió con él.

Lo que Adán hizo, nosotros también hicimos. Cuando Adán falló, nosotros también fallamos. Al pecar, Adán perdió la pureza, la inocencia que le caracterizaba fue manchada por el pecado. Por eso, él y Eva cosieron hojas de higuera y se hicieron delantales.

Después de Adán, todos pecamos y sufrimos la vergüenza del pecado y la separación de Dios. Adán abrió una gran brecha entre nosotros y Dios. Después que hubo pecado, se escondió de Él. La relación íntima y personal que tenía dejó de existir. Por esa razón, el principal obstáculo para alcanzar la intimidad con Dios, es el pecado.

Después que Adán y Eva pecaron fueron arrojados del huerto, y dos querubines y una espada encendida guardaban el camino del árbol de la vida.

La restauración en Jesús

Jesús vino a la tierra como el segundo y último Adán a restaurar lo que se había perdido. Él vino a restituir la pureza y la santidad, la intimidad y el compañerismo con Dios. Jesús vino a cerrar la brecha entre Dios y nosotros.

En Adán hay transgresión, pero en Jesús hay justicia.

En Adán encontramos la muerte, pero en Jesús hallamos la vida.

En Adán hay condenación, pero en Jesús hay gracia abundante.

En Adán pecamos, pero en Jesús obedecemos.

Jesús vino a enseñarnos el camino de regreso a casa. Él vino a remover la espada encendida que nos impedía tomar del árbol de la vida, al punto de plantar en nuestro corazón ese árbol. Además de todo esto, Jesús vino a enseñarnos algo muy importante; lo que significa ser verdaderamente hombre.

Necesito conocer a Jesús para encontrar la esencia del ser humano. Necesito conocer a Jesús para experimentar la pureza y santidad que también caracterizó a Adán en sus principios.

Antes de pecar, Adán y Eva se paseaban por el huerto desnudos y no se avergonzaban. A ese grado era su inocencia. Dios nos hace santos, pero el pecado nos contamina.

En México hay un comercial en televisión, en el que se muestra la escena de un bebé de pocos meses de nacido, desnudo, sonriendo y balbuceando. La imagen es muy tierna. Mientras se ve el bebé, alguien habla y dice algo así: "Este es un buen mexicano. Este es un mexicano que no conoce la corrupción, el cohecho, la violencia, el maltrato. De nosotros depende que siga igual".

Parte de este comercial es teología en su forma más pura. Los bebés nacen santos, sin conocer el pecado. El sabio Salomón dijo: *"...Dios hizo al hombre recto, pero ellos buscaron muchas perversiones"* (Eclesiastés 7:29).

Al igual que Adán y Eva antes de pecar, los niños son inocentes, pero en su recorrido por los años, "buscan perversiones".

Es por eso que en el corazón de todo hombre y mujer hay un anhelo por la pureza y la santidad. Es como un llamado primitivo en lo más profundo de nuestro ser. Es un clamor a volver al estado original en el que fuimos creados.

Todos anhelamos ser como aquel que nos creó y puso su imagen en nosotros, una imagen pura y santa. Aun el peor pecador anhela la pureza. Detrás de una apariencia tosca y violenta, yace dormido el bebé inocente y puro que un día fue.

Nunca estaremos totalmente satisfechos hasta volver a ese estado de pureza.

DONDE NACE EL RÍO

En Adán se perdió el diseño original de Dios para el hombre, pero en Jesús fue restaurado. Jesús es la fuente donde encontramos la verdadera esencia.

Cada vez que tengo una oportunidad, salgo con mi familia a algún lugar donde pueda pescar. Invariablemente, cuando me encuentro frente a un río pienso en el sitio donde ese río nace. Me emociona imaginar el recorrido de kilómetros y kilómetros de distancia que hizo para llegar al lugar donde estoy parado.

En la mayoría de los casos, el río que pasa delante de mí no es lo que fue en su nacimiento. A través de su trayecto recogió todo tipo de desechos. También fue alimentado de otras corrientes que cambiaron su color, su temperatura y su comportamiento.

Si quiero conocer más acerca de ese río, de su verdadera esencia, necesito ir a su nacimiento, su fuente. Si nos remontamos a su origen y si éste se encuentra al pie de alguna montaña nevada, descubriremos lo cristalino de sus aguas, lo puro de su esencia. Allí no hay contaminación, su pureza sigue intacta.

Los hombres también tenemos una fuente, un lugar de origen, una esencia. En nuestro recorrido a través de los años fuimos contaminados, afectados por muchas corrientes; y si queremos encontrar nuestra verdadera esencia, también tenemos que ir a la fuente. ¡La fuente es Jesús! En Él encontraremos la imagen cristalina y pura del verdadero hombre.

Cuando lo conocemos, comienza a transformarnos. Con algunos tomará más tiempo que con otros, pero no debemos dudar que: "Cristo está siendo formado en nosotros" (Gálatas 4:19).

En México, el río Lerma recorre varios estados. En su trayecto se ha contaminado. Varios procesos de saneamiento han dado inicio, y aunque se construyeron más de cincuenta plantas de tratamiento para limpiar el río, y se siguen construyendo todavía más, los especialistas en el tema dicen que tomará por lo menos cuarenta años poder limpiarlo.

A nosotros nos tomará toda la vida, pero un día seremos como Él es.

EL DISEÑO ORIGINAL

Cuando luchamos con iras, pecados y ataduras, cuando llega la desesperación por no poder vencer alguna debilidad, cuando nuestro corazón clama por ser íntegros y cabales, entonces necesitamos conocer a Jesús. Él es el diseño original. Él es lo que nosotros deberíamos ser.

Por mucho tiempo nos hemos escondido tras la excusa de que somos humanos. Si fallamos en el área sexual, argumentamos que somos humanos. Si tenemos un ataque de ira; argumentamos que somos humanos. Si cedemos a cualquier tipo de tentación; argumentamos que somos humanos. Jesús puso un "hasta aquí" a esta forma de pensar. Él demostró con su vida que se puede ser íntegro y cabal si lo decidimos. Él fue tentado en todo como nosotros, pero sin pecar.

"Aprended de mí..." (Mateo 11:29), dijo a sus discípulos.

En Jesús podemos redescubrir lo que significa ser hombre. Nuestra vida total cambiaría si tan sólo conociéramos a Jesús.

Hace algunos años, cuando oraba al Señor le pedía que me mostrara cómo hubiera Él tratado a su esposa si hubiera tenido una, ya que yo quería tratar a la mía de la misma manera. ¡Qué inocente! Y que ignorante de las Escrituras también.

La Biblia nos dice que Jesús tiene una esposa que es la Iglesia. En Su Palabra también nos dice que debemos amar a nuestra esposa así como Él ama a la suya. Desde que entendí esto, dejé de hacer esa oración y empecé a amar a mi esposa como Cristo ama a la Iglesia.

Las respuestas a nuestras preguntas acerca de cómo ser un mejor padre, un mejor esposo, un mejor amigo, están en Jesús. Él es el esposo, el padre, y el amigo ideal. Cuando lo conocemos nuestras crisis existenciales se disipan. Las respuestas a las interrogantes de los filósofos a través de las edades sobre: ¿Quién soy? ¿Qué estoy haciendo aquí? ¿Cuál es el propósito de mi existencia?, se encuentran en Jesús.

Creo que fue en los años sesenta cuando surgió la frase: "Cristo es la respuesta", y nada hay más cierto que esta verdad. En Él está la respuesta.

Para aquellos que buscan en las estrellas la dirección para su futuro, en Jesús está la respuesta.

Para el filósofo confundido que ha estado dando vueltas en círculos, en Jesús está la respuesta.

WWJD

Las siglas en inglés "WWJD" que equivalen a la pregunta: "¿What Would Jesus Do?"; o "¿Qué haría Jesús?". Estas siglas son usadas por miles y miles de personas a través de los Estados Unidos y

Latinoamérica. La misma figura en collares, pulseras, calcomanías, etc., pero pocos conocen la historia detrás de estas siglas.

Hace algunas décadas, el pastor Charles M. Sheldon, convencido de que Jesús podía guiarnos aun en las decisiones más "seculares" de nuestra vida, desafió a su congregación a preguntarse qué haría Jesús antes de tomar cualquier decisión.

Los testimonios de los resultados que empezó a ver en su congregación están registrados en el libro: "En sus pasos". El pastor Sheldon entendía que en Jesús está la respuesta a todos nuestros interrogantes acerca de cómo debemos hacer las cosas.

Cuando Jesús estaba en la tierra, los discípulos no tenían que preguntarse: "¿Qué haría Jesús?", podían verlo diariamente mientras caminaban con Él. Si tú caminas diariamente con Él, sabrás exactamente qué hacer.

Después de conocer a Jesús, los discípulos ya no podían imaginar sus vidas sin Él. Cuando Él hablaba de partir o de morir, se llenaban de temor. Pedro terminó siendo fuertemente reprendido por Jesús cuando trató de disuadirlo de ir a la cruz. Pero la verdad es que en Jesús habían descubierto lo que realmente significaba ser hombre, y no querían dejarlo ir.

¿Estás a punto de tomar alguna decisión importante en tu vida?

¿Tienes dudas acerca de qué decisión tomar?

¡En Jesús está la respuesta!

JESÚS: MI HERMANO

Como el último Adán, Jesús ahora se convirtió en mi hermano, y necesito experimentar lo que esto realmente significa.

Cuando era pequeño tenía algunos problemas en la escuela con un grupo de niños que se deleitaban en molestarme. Una vez a la semana mis padres me daban dinero para gastar en la escuela. Acostumbraba comprarme unas bolsitas de plástico que contenían pulpa de tamarindo.

Llegar a la cooperativa de la escuela y comprar ese dulce tan deseado era mi sueño antes de salir al receso. Pero con mucha frecuencia este sueño se convertía en una pesadilla. Al salir de la cooperativa los chicos malos me estaban esperando para arrebatarme el tamarindo.

Esto sucedía regularmente y yo no podía hacer nada. Los niños eran mayores que yo, y tratar de pelear con ellos podía ocasionarme una buena golpiza. Pero siempre que esto sucedía, mis ojos recorrían el patio de la escuela buscando a mi hermano mayor, Manuel Ángel.

Lo único que tenía que hacer era llamarlo, y como él cursaba el sexto grado, con sólo pararse a mi lado hacía que los niños me regresaran mi pulpa de tamarindo y huyeran temerosos. ¡Qué seguridad me daba tener un hermano mayor!

Necesito conocer a Jesús porque Él es mi hermano mayor. Es mi defensor y protector. Él está interesado en mi bienestar y me librará de la mano del enemigo. Él es mi aliado. Es mi hermano porque escogió despojarse de sí mismo y convertirse en un hombre como yo, por amor a mí.

Tal vez hoy pienses que no eres digno de tan grande privilegio por las fallas en tu carácter, o por tu pasado, pero el autor del libro de Hebreos dice que Jesús no sólo es nuestro hermano, sino que además, no se avergüenza de llamarse como tal (Hebreos 2:11). ¡Qué alivio!

Él no se avergüenza de llamarse nuestro hermano porque se identifica totalmente con nosotros. Él padeció lo mismo que nosotros para poder sentir lo mismo y pararse en la brecha a nuestro favor.

Él está de nuestro lado, ya que por haberse hecho carne experimentó nuestras luchas. *"Para que se muestre paciente con los ignorantes y extraviados, puesto que él también está rodeado de debilidad..."* (Hebreos 5:2). ¡Él también se sintió débil!

A veces como líderes queremos hacer creer a la gente que no tenemos debilidades, que somos de hierro, que nada nos preocupa, que somos casi perfectos, pero esta actitud automáticamente nos descalifica para poder ayudar a los débiles y afligidos.

Al hacer creer a la gente que somos perfectos, invalidamos el mensaje de la cruz. Este mensaje tiene que ver con el poder de la debilidad. Jesús fue un débil e inocente Cordero que enmudeció delante de sus trasquiladores.

El poder de la cruz está en la debilidad. Por eso el mensaje de la cruz es para aquellos que reconocen que no han podido vencer sus debilidades, para aquellos que necesitan perdón. Cuando somos perfectos dejamos de necesitar la cruz. En el cielo no habrá necesidad de recurrir a la cruz, porque entonces seremos como Él es; perfectos.

Jesús dijo que los sanos no tenían necesidad de médico. Entonces cuando nosotros creemos o le hacemos creer a la gente que no hay en nosotros debilidad, estamos diciendo que no necesitamos de médico, que no necesitamos de Jesús.

Como Jesús, debemos reconocer que estamos rodeados de debilidad, y también borrar la imagen de infalibilidad que la gente se ha formado de nosotros, los líderes.

Al terminar un concierto en Córdoba, Argentina, se acercó una señora a hablar conmigo. En su rostro se reflejaba mucha sinceridad al preguntarme: "¿Es usted una persona normal?". Al no entender su duda, le pregunté qué quería decir con eso, y me dijo: "Quisiera saber si usted es una persona con problemas y debilidades como todos nosotros, porque no lo parece". Intencionalmente me reí y le dije: "por supuesto que sí", y agregué: "no solamente yo soy una persona normal, Jesús también lo fue. Él estuvo rodeado de debilidad".

Quitaríamos una gran carga de los hombros de tantas personas que han idealizado a los líderes, creyendo que están por encima de los problemas que acechan a todos. No sólo eliminaríamos su carga sino que también los haríamos libres para vencer.

Cuando la gente cree que los líderes viven en un estado de "casi perfección", fallan con más frecuencia porque se forman un concepto equivocado e inalcanzable de la santidad.

Aunque como líderes estemos rodeados de debilidad, la Biblia establece ciertos requisitos que deben de llevar a los líderes a cierto nivel para poder dirigir a los demás. Sólo tenemos que leer la lista de 1 Timoteo 3:1-7 y Tito 1:5-9, para entender lo que se requiere de un líder.

Los líderes debemos ser ejemplo de integridad, debemos desarrollar carácter y santidad, pero después de todo seguimos siendo hombres rodeados de debilidades. En varias ocasiones Jesús expresó su debilidad al Padre y a sus discípulos.

Cuando llevó a sus tres discípulos más cercanos al huerto de Getsemaní, les dijo: *"Mi alma está triste, hasta la muerte; quedaos aquí, y velad conmigo"* (Mateo 26:38). Y cuando oraba al Padre esa misma noche le dijo: *"Si quieres, pasa de mí esta copa; pero no se haga mi voluntad, sino la tuya"* (Lucas 22:42).

Cuando reconocemos nuestra debilidad, su poder se perfecciona en nosotros. Nuestra fortaleza está en el reconocimiento de nuestra debilidad.

"Ya no os llamaré siervos, porque el siervo no sabe lo que hace su Señor; pero os llamaré amigos..."

—Juan 15:15

CAPÍTULO 10

Mi amigo Jesús

Edgar Chazaro, Dionisio Córdoba, René Togava, Alejandro Acevedo, Sergio Félix, Luis Noriega etc., no son los nombres de misioneros que dieron su vida en algún lugar del mundo, tampoco son nombres de políticos o de hombres de influencia; son los nombres de mis amigos de la infancia.

Aunque hace muchos años que no los veo, sus rostros y nuestras aventuras juntos están indelebles en mi mente. Nuestra amistad era transparente y sincera. Nos aceptábamos unos a otros, no había prejuicios y disfrutábamos nuestro tiempo juntos. Nuestro grupo llenaba la necesidad de amigos que cada uno tenía. Este grupo era el círculo en el cual nos refugiábamos de los problemas escolares, familiares, y de crecimiento.

Todos tenemos necesidad de amigos, es parte de nuestra naturaleza. Todos necesitamos a alguien que nos ame y nos acepte tal cual somos, alguien con quien podamos convivir y en quien podamos confiar.

Necesitamos amigos porque Jesús nos creó a su imagen, y Él también los necesita. La necesidad de amigos que nosotros tenemos, Él también la tiene. Cuando inició su ministerio en la tierra lo primero que hizo fue llenar esa necesidad; llamó a doce amigos. Aunque en el llamado que les hizo había otros propósitos, lo primordial era la amistad.

Marcos dijo: *"Y estableció a doce, para que estuviesen con él, y para enviarlos a predicar"* (Marcos 3:14).

Primero los escogió para que "estuvieran con él", para que fueran sus amigos, para pasar tiempo juntos, para compartir el pan, y para reír como ríen los amigos. Los Evangelios narran la historia de trece amigos.

Jesús era un amigo excelente. Él es el amigo que todos necesitamos. Es el único que puede llenar la necesidad de un amigo en toda su plenitud. Jesús era el tipo de amigo que le pone apodos a sus compañeros.

Simón era tan testarudo, que lo apodó "piedra". Juan y Jacobo eran tan acelerados que los apodó "Hijos de trueno". ¿Has conocido a ese tipo de hombres, dinámicos, amenos, que a todos sus amigos dan apodos? Así era Jesús.

Muchos años han pasado desde que jugué por última vez con mis amigos en el patio de la escuela, desde que fuimos al río a nadar juntos, desde que hicimos la última travesura.

Crecí, me casé, pero aún siento deseos de correr y jugar con amigos. Ahora tengo diferentes amigos, hombres jóvenes, adultos. Pero sobre todo conocí al amigo por excelencia: Jesús. Él vino a llenar el vacío que mis amigos de la niñez dejaron.

Solamente Jesús puede llenar el vacío que todo hombre siente en su corazón. Las pandillas, los grupos de jóvenes reunidos en bares, son un reflejo del deseo que hay en el corazón de los hombres de tener amigos. Sin los amigos estamos incompletos, sin los amigos hay un vacío en el corazón, pero la realidad es que ese vacío tiene la forma de Jesús, porque Él lo cavó con Sus manos, para un día ocuparlo.

Podrás poner otras cosas en ese vacío, y de momento parecerá que fueron hechas a la medida, pero luego te darás cuenta que no era así, solo Jesús puede llenarlo a la medida.

Me has atraído Jesús.
En pos de ti voy cautivo.
En ti encontré toda paz.
Te has convertido en mi amigo.
Tu gran amor llenó el vacío
Que había en mi corazón.
Sólo en tu amor está la vida.
Solo en ti hay gracia y perdón...

Los discípulos ocupaban un lugar muy especial, eran los amigos cercanos de Jesús. Caminaban con Él, cenaban con Él, lo vieron sanar a los enfermos, lo vieron orar, lo vieron llorar por Jerusalén y conmoverse por los hombres extraviados como ovejas sin pastor.

Jesús declaró: *"Ya no os llamaré siervos, porque el siervo no sabe lo que hace su Señor; pero os he llamado amigos, porque todas las cosas que oí de mi Padre, os las he dado a conocer"* (Juan 15:15). Él vino a llenar la necesidad de amigos que cada uno de ellos tenía.

Jesús acostumbraba cenar con sus amigos. Compartir el pan y el vino con ellos era una de las cosas que Jesús más disfrutaba.

Un ambiente de intimidad y alegría inundaba las cenas de Jesús y sus amigos. Al leer los Evangelios y conocer a Jesús, me di cuenta que yo no me divertía lo suficiente; es más, llegué a pensar que si me encontrara entre Jesús y sus amigos, me considerarían aburrido.

¡Qué trágico! ¿verdad? Pero lo cierto es que Jesús no era un hombre aburrido. Hay una concepción del mundo acerca de los cristianos; creen que somos enemigos del gozo y el placer. La verdad es que nosotros mismos hemos propiciado esta opinión, pero la realidad bíblica es que los cristianos deberíamos ser los más asiduos promotores del gozo y el placer. Jesús lo era.

Él habla de sí mismo como el novio. En aquellos tiempos, el novio era el que alegraba la fiesta. Donde Él estaba se reunían los amigos.

Jesús era experto en contar historias. Se cree que cada rabí tenía en su crédito tres o cuatro historias originales que contaba al momento de enseñar, pero Jesús para todo tenía una historia. Si le hacían una pregunta, contestaba con una historia; si veía a una multitud, aprovechaba para contarles una historia; si trataban de hacerlo caer en alguna contradicción, les contaba una historia.

A todos nos gusta escuchar historias. Ellas tocan lo más profundo de nuestro ser y nuestra alma. Las parábolas son las historias de Jesús. Historias llenas de colorido, tan sencillas y tan profundas a la vez.

Los intentos que se han hecho de personificar al Señor en las películas, presentaron a un Jesús solemne y aburrido, frío y sin emoción, pero ese no es el Jesús de los Evangelios.

Sus enseñanzas estaban llenas de vida. Muchas de ellas provocaban risa entre sus oyentes. Al traducir la Biblia de los idiomas originales se pierden algunos de los sentimientos que ciertas enseñanzas o expresiones idiomáticas originalmente tenían, pero mucho de lo que Jesús dijo era cómico. *"...saca primero la viga de tu propio ojo, y entonces verás bien para sacar la paja del ojo de tu hermano"* (Mateo 7:5).

Una amistad llena de amor y pureza se compartía en la mesa. Juan tenía la confianza de recostar su cabeza sobre el pecho de Jesús y tuvo el privilegio de escuchar latir el corazón del Señor. Juan estuvo tan cerca del corazón de Jesús, que en las epístolas que posteriormente escribió se puede escuchar muy claramente el latido del corazón de Dios. El amor es el tema central de sus epístolas.

Tanta era la confianza que estos hombres tenían con su maestro que uno de ellos mojaba su pan en el plato de Jesús. ¿Alguna vez has hecho esto con alguien? Sólo lo hacemos con la gente que tenemos mucha confianza ¿verdad? Tú no meterías el pan en el plato de un extraño, ni siquiera en el de un conocido. Solamente lo hacemos con personas con las cuales sentimos cercanía y confianza. Los discípulos tenían ese tipo de relación con Jesús.

Las cenas tenían gran significado para los judíos de los tiempos de Jesús. Sentarse a compartir el pan con alguien era como entrar en un pacto de amistad y de lealtad. Cuando un hombre invitaba a alguien a cenar a su mesa, a partir de ese momento el compromiso era sellado. Por eso Jesús declaró con énfasis: *"...el que come pan conmigo, levantó contra mí su calcañar"* (Juan 13:18). ¡Esto no se hacía!

En todas las culturas, aun en aquellas que no son de tradición cristiana, el nombre Judas tiene una connotación muy oscura. Judas y su acción no serían tan infames si no se hubiera tratado de un amigo.

Por esa razón la traición de Judas fue vista como algo tan vergonzoso. ¿Cómo era posible que aquel que cenó con Jesús y llegó a mojar el pan en su plato, terminó entregándolo?

Aturdido por la avaricia, Judas no se dio cuenta de lo que estaba haciendo; Jesús trata de volverlo a la realidad recordándole que eran amigos. *"Amigo, ¿a qué vienes?"* (Mateo 26:50), le preguntó después que Judas lo había señalado al besar su mejilla para entregarlo.

Tal vez estas palabras lo volvieron a la realidad. Estaba traicionando a su amigo, aquel con el cual había compartido el pan en muchas ocasiones. Pero ya era demasiado tarde, ya había recibido el pago por entregarlo. El suicidio consecuente de parte de Judas muestra que no pudo manejar el remordimiento de haber traicionado a su amigo.

Tengo un círculo de amistades con quienes comparto mi tiempo. Con ellos juego, me divierto, platico. Lo maravilloso de este círculo es que Jesús es el vínculo entre todos nosotros. Jesús es el amigo y confidente de cada uno. Él es lo más hermoso que tenemos en común. Más allá de nuestras profesiones, ministerios y trabajos, Jesús es el vínculo entre nosotros. Él es nuestra identidad.

PEDRO, JUAN Y JACOBO

Tres de los discípulos tuvieron una amistad aún más cercana con Jesús. Pedro, Juan y Jacobo ingresaban a lugares donde el resto de los discípulos no eran invitados. En ocasiones se le permitió ser parte de eventos muy trascendentales; como subir con Jesús al monte de la transfiguración, o acompañarlo al huerto de Getsemaní cuando libraba una de las luchas más intensas de su vida.

Pedro, Juan y Jacobo ocupaban ese lugar tan especial porque lo buscaron. Ellos anhelaban estar cerca de Jesús.

Equivocadamente Juan y Jacobo pidieron estar sentados el uno a su derecha y el otro a su izquierda cuando Jesús reinara, pero esto revelaba el deseo que había en ellos de estar cerca de Jesús.

De la misma manera, Pedro buscaba cada oportunidad para estar cerca de Jesús, aun cuando esto implicara tener que caminar sobre el agua en medio de un mar agitado.

¿Deseas ser su amigo? ¿Se lo has demostrado?

Si analizamos un poco el tipo de hombres que Jesús escogió para que fueran sus amigos, notaremos que realmente eran personas que no tenían mucho que ofrecer. El libro de los Hechos habla de ellos como hombres del vulgo.

No eran refinados. Eran temperamentales y violentos, incrédulos y temerosos; mas, sin embargo, Jesús los llamó y los aceptó en ese círculo de amistad.

Eran hombres con necesidad de aceptación y afirmación.

Jesús afirmó a cada uno de ellos.

Se preocupó por sus necesidades...

Fue paciente con ellos cuando dudaron...

Les enseñó cuando mostraban ignorancia...

Los reprendió en amor y los restauró cuando cayeron...

Pero sobre todo, creyó en ellos...

Les dio autoridad enviándolos a sanar enfermos, a echar fuera demonios y a anunciar el Reino de Dios.

¡Cómo me identifico con este grupo de hombres!

Cuando llegué a Jesús era muy parecido a algunos de ellos. ¡Tenía tanta necesidad de aceptación!

Por algún tiempo había estado buscando algo que me saciara, pero en el proceso fui dañado. Malas amistades, malas decisiones, malas costumbres.

Aunque era joven, cuando llegué al Señor tenía mucha necesidad. Crecí con necesidad de aceptación y sin ser afirmado.

En mis años más vulnerables de crecimiento nunca escuché a mi padre decir que me amaba, nunca me dijo que creía en mí ni me dio un abrazo. Como adulto ahora entiendo que él siempre me había amado; es más, sé que estaría dispuesto a dar su vida por mí, si fuera necesario.

Pero durante mis años de crecimiento le fue muy difícil expresar ese amor. Sé que mi padre experimentó lo mismo en sus años de crecimiento. Mi abuelo tampoco le demostró afecto, y el crecer sin afirmación le impidió poder dármelo. La necesidad de ser afirmados como personas es real. La afirmación nos da seguridad y evita la epidemia de complejos que tanto agobia a nuestra sociedad.

Leyendo los Evangelios comprendí que Jesús, al ser un hombre como yo, también necesitaba la afirmación del Padre. En dos ocasiones muy importantes de su vida el Padre lo afirmó.

En la primera, Jesús estaba a punto de iniciar su ministerio terrenal y fue a Juan el Bautista para ser bautizado por Él. Jesús sabía que el ministerio que estaba a punto de iniciar lo llevaría a la muerte, sabía que sería una muerte cruel. Sabía de los latigazos, las espinas, sabía de todo el sufrimiento que experimentaría, y sin duda que en Él había temor e inseguridad.

El temor era algo que Jesús experimentó como hombre. *"Mi alma está muy triste, hasta la muerte"* (Marcos 14:34), le dijo a sus discípulos la noche que sería aprehendido.

Rodeado de tanta gente, tal vez fue inundado por esos pensamientos de temor. Tal vez había interrogantes en su mente acerca de cómo afrontaría cada una de esas situaciones cuando se le presentaran. Tal vez se sentía inseguro...

Fue entonces, en ese preciso momento, que escuchó la voz de Su Padre: *"Tú eres mi Hijo amado; en ti tengo complacencia"* (Marcos 1:11).

Qué palabras tan oportunas, ¿verdad?

Momentos antes, Juan el Bautista había declarado proféticamente algo muy poderoso acerca de Jesús: *"He aquí el Cordero de Dios, que quita el pecado del mundo"* (Juan 1:29), pero estas palabras son eclipsadas en comparación a lo expresado por el Padre.

"Tú eres mi hijo...", una expresión de orgullo; "amado", una expresión de amor; "en el cual tengo complacencia", una expresión de deleite.

Eso era lo que Jesús necesitaba oír, y esto es lo que todo hombre necesita: ser amado y afirmado por alguien.

Cuando leí estas palabras en los Evangelios decidí buscar la afirmación de mi padre. Viajé a mi casa paterna para hablar con él. Al día siguiente de haber llegado, me le acerqué mientras trabajaba en su automóvil y le dije que necesitaba hablar con él. Accedió, nos apartamos del vehículo y empezamos a hablar:

—Papá, —le dije—, cuando yo era adolescente pensaba que

usted no me amaba, de hecho, pensaba que usted tenía preferencia por mi hermano mayor.

Mi padre inmediatamente me interrumpió y me dijo:

—Hijo, yo los amo a todos ustedes por igual.

—Lo sé—, le contesté. Es más, sé que usted me ama tanto que estaría dispuesto a dar su vida por mí. Pero tengo una necesidad: estoy casado, tengo tres niños, un ministerio que Dios me ha confiado, pero necesito que usted me diga que me ama y me dé un abrazo.

Guardo silencio por un momento y me dijo:

—Hijo, yo los amo a todos por igual.

—Lo sé, papá —volví a decirle—, pero necesito que me diga que me ama y que me dé un abrazo.

Después de repetir que nos amaba a todos por igual, y al ver su turbación, me di cuenta de lo difícil que era para él hacer lo que yo le pedía.

Me acerqué a él. Tomé su cara entre mis manos, lo miré a los ojos y le dije:

—Papá, yo sé que me ama pero necesito que me lo diga y que me dé un abrazo.

En ese momento, mi padre se quebrantó y por primera vez en mi vida escuche salir de sus labios las palabras: "Te amo". Me abrazó y por un momento lloramos juntos.

Yo había tomado la decisión de buscar afirmación, porque si Jesús había necesitado la afirmación del Padre, yo también lo necesitaba. Buscaba esa afirmación de mi padre, y la recibí.

Desde entonces la relación con mi padre cambió. Ahora nos abrazamos y besamos cada vez que nos vemos, y muchas veces me ha dicho que me ama.

Tal vez, al estar leyendo estas palabras piensas en ti mismo y en el hecho de que tal vez tú tampoco recibiste afirmación.

Si puedes, deberías acercarte a tu padre y pedir su afirmación como lo hice yo. Te animo a que lo hagas, pero si no puedes hacerlo, estoy convencido que esa afirmación puedes recibirla de parte de Jesús; yo también la recibí. En un sinnúmero de ocasiones, estando a solas con Él me ha dicho que me ama y sentí su abrazo.

Jesús afirmó a sus discípulos y afirmaba a cada persona que se acercaba a Él.

¡SOY INMUNDO, SOY INMUNDO!

En cierta ocasión Jesús estaba enseñando a la multitud, cuando de repente ve un tumulto. La multitud comenzó a agitarse y empujarse unos a otros. Algo estaba sucediendo. Un hombre se aproximaba a la multitud mientras gritaba con una débil y quebrada voz: "¡Soy inmundo, soy inmundo!". Era un leproso.

Cuando un leproso se acercaba a la población sana, anunciaba su llegada gritando su condición para que los demás se percataran y pudieran alejarse para no ser contaminados.

En esos tiempos, los leprosos vivían en aldeas en las afueras de la ciudad, su enfermedad era considerada inmunda y el trato que recibían de parte del pueblo era humillante. Tenían que caminar totalmente cubiertos, aun tapaban su rostro con un velo para no mostrar su deformidad y corrían el peligro de ser apedreados si no anunciaban su venida.

Imagino en mi mente a este hombre viviendo en la aldea de leprosos. Ese día se había levantado con un ánimo especial, había escuchado de Jesús y de su poder para sanar, así que decidió arriesgarse e ir al pueblo a buscarlo. Sus amigos trataban de disuadirlo argumentando que corría peligro de ser apedreado, pero aun así, decidió ir.

La Biblia dice acerca de este leproso que su cuerpo estaba todo *"lleno de lepra"* (Lucas 5:12). Su condición ya era extrema. La enfermedad había deformado totalmente su apariencia, así que ir al pueblo implicaba sufrir las humillaciones y el menosprecio de la gente. Aun así decidió hacer el viaje. Caminaba nervioso, pero soñaba con su sanidad. Soñaba con poder ir al mercado del pueblo otra vez. Soñaba con reunirse con su familia que no veía por muchos años. Soñaba con poder ir a la sinagoga como una persona normal. Soñaba con una piel limpia otra vez, soñaba... soñaba...

Cuando menos lo pensó había llegado al pueblo y se encontró con la multitud que seguía a Jesús. Se llenó de valor y anunció su llegada gritando: "¡Soy inmundo!".

La gente se alborotaba, y a medida que él se aproximaba abrían camino para dejarlo pasar. Sólo se veían sus ojos nerviosos detrás del velo que cubría su rostro.

El menosprecio del pueblo hacía que los leprosos tuvieran una actitud servil, así que caminó lento y encorvado. A medida que el leproso se acercaba, la gente se movía a los lados alargando más y más ese pasillo...

Entonces, por primera vez lo vio al fondo de este pasillo humano. ¡Allí estaba Jesús, esperándolo! En su rostro no había menosprecio, más bien una gran sonrisa. En sus ojos no había rechazo sino aceptación.

El leproso se aproximó lo más que pudo, pero guardaba distancia, y para asombro de él y de muchos, Jesús caminó y se acercó a él. Cuando estaban frente a frente, hizo lo inesperado... lo tocó.

Si entendiéramos lo "mágico" que es para tanta gente en necesidad sentir el toque humano. Es mucho más poderoso que cualquier medicina. La madre Teresa decía que tenían medicinas para tratar la lepra, pero que estas no resolvían el problema más grave de los leprosos: el sentirse rechazados.

El corazón de este leproso saltó dentro de su pecho. Hacía tanto tiempo que no sentía el toque de una persona. Su aspecto era repugnante por lo avanzado de la lepra, aun así, Jesús lo miró a los ojos y lo tocó.

Estoy seguro que si la historia hubiese terminado allí, hubiera tenido un final feliz. Si este leproso no hubiera recibido la sanidad física, hubiera recibido algo más preciado que eso. Hubiera sido aceptado... amado... afirmado. Este hombre hubiera regresado a la aldea de leprosos lleno de gozo diciendo: "¡Me tocó, me aceptó, me vio a los ojos, no me rechazó!".

Jesús también sanó al leproso. Le preguntó que era lo que quería y cuando le respondió que quería ser limpio, su deseo fue cumplido. Jesús lo sanó completamente.

El apóstol Pablo nos asegura que *nos hizo aceptos en el Amado* (Efesios 1:6). No importa cuál haya sido nuestra condición, no importa que otros no nos hayan aceptado, no importa que nadie nos haya amado. Él nos acepta y nos ama, *"no por obras de justicia que nosotros hubiéramos hecho, sino por su misericordia"* (Tito 3:5).

Él nos ama como nadie jamás nos amará. Él es nuestro primer amor porque nos amó antes que nadie nos amara. Nada puede darnos más seguridad y afirmación que saber que Jesús nos ama. En su amor no hay "Quid pro quo" (una cosa por otra). Él nos ama incondicionalmente y nos acepta tal cual somos.

"...así como Cristo amó a la Iglesia,
y se entregó a sí mismo por ella,
para santificarla, habiéndola purificado en
el lavamiento del agua por la palabra, a fin
de presentársela a sí mismo,
una Iglesia gloriosa, que no tuviese mancha
ni arruga ni cosa semejante,
sino que fuese santa y sin mancha".

—Efesios 5:25-27

CAPÍTULO 11

Transformados por Su amor

Cuando el apóstol Pablo le escribía a los hombres exhortándoles a amar a su esposa, utilizó el máximo ejemplo de amor que existe para motivarnos, Él dijo:

> "Maridos, amad a vuestras mujeres, así como Cristo amó a la Iglesia, y se entregó a sí mismo por ella, para santificarla... a fin de presentársela a sí mismo, una Iglesia gloriosa, que no tuviese mancha ni arruga ni cosa semejante, sino que fuese santa y sin mancha".
>
> —*Efesios 5:25-27*

¡Qué mensaje tan poderoso!

El amor de Jesús por su esposa, la Iglesia, tiene un propósito: Librarla del pecado, limpiarla de toda mancha, quitar toda arruga de sus vestiduras y llevarla a la santidad.

Adán, en cambio, no protegió a su esposa Eva, la dejó

desviarse y él mismo fue seducido por el pecado de ella. Pero Jesús ama tanto a Su esposa, la Iglesia, que para librarla de pecar sufrió el dolor de la cruz.

Cuando entendemos este mensaje de amor, se vuelve el principal motivo que nos lleva a cambiar. Su amor se vuelve el motivo para buscar la santidad.

El apóstol Pablo nos dijo que *"el amor de Cristo nos constriñe"* (2º Corintios 5:14).

El amor de Dios provoca en nosotros una urgencia al cambio. Somos literalmente empujados a cambiar. Ninguna otra cosa provocará en nosotros el cambio deseado. Ni la más estricta disciplina, ni el más cruel castigo, sólo el amor de Dios.

Las reglas no cambian el corazón de nadie, sino que mecanizan a las personas. Si les quitan las reglas volverán a lo mismo, pero el amor sí los cambiaría.

La obediencia provocada por las reglas es temerosa y austera. En cambio, la obediencia provocada por el amor es alegre y llena de vida.

En los primeros siglos de la era cristiana, algunos monjes practicaban una extrema austeridad para "buscar la santidad". Uno de ellos fue Simón Estilita [2], quien murió en el año 459.

En su deseo de separarse del mundo y sus efectos, construyó una torre al este de Antioquía y vivió allí por 36 años, soportando frío, calor y todas las inclemencias del tiempo. La vida de este hombre era un espectáculo. La gente viajaba distancias muy largas para poder verlo. Su régimen alimenticio y de ejercicio eran tan extremo que podía tocar la cabeza con sus pies 1244 veces seguidas. Sin embargo, Dios proveyó una mejor manera de vivir en santidad: Su amor.

Cuando el apóstol Pedro le habló a la Iglesia acerca de las buenas relaciones que deben de existir entre los hermanos dijo: *"...tened entre vosotros ferviente amor; porque el amor cubrirá multitud de pecados"* (1 Pedro 4:8).

El consejo de Pedro era que nos amemos unos a otros a pesar de nuestras diferencias, a pesar de nuestras ofensas, porque el amor cubre multitud de pecados. La mejor forma de cambiar a una persona es amándola. Eso es lo que la Biblia nos enseña.

Por supuesto que el amor incluye disciplina; no estamos abogando por un amor permisivo. El amor sin disciplina no es amor, pero la disciplina sin amor tampoco es disciplina, es castigo.

LAS REGLAS NO CAMBIAN EL CORAZÓN

La ley nunca cambió el corazón de nadie. *"(Pues nada perfeccionó la ley), y de la introducción de una mejor esperanza, por la cual nos acercamos a Dios"* (Hebreos 7:19).

Las personas se hicieron esclavas de la ley, inclusive los judíos agregaron costumbres y tradiciones a la ley de Dios porque no podían cumplirla. Pensaban que agregando más reglas a la ley, les libraría de fallar, pero no fue así.

Las palabras más fuertes que Jesús dijo aquí en la tierra fueron dirigidas a los fariseos. *"¡Guías ciegos, que coláis el mosquito, y tragáis el camello!"* (Mateo 23:24). Ellos cumplían las reglas mínimas pensando que eso sería suficiente. Diezmaban condimentos como la menta y el comino, pero olvidaban asuntos más importantes de la ley, como la misericordia y la fe.

Jesús vino a librarnos de la esclavitud de la ley. Él vino a mostrarnos un camino mejor, más excelente: el camino del amor. Él resumió toda la ley y los profetas en esta declaración: *"Amarás"* (Mateo 22:37-39). Jesús no ignoró la ley, la resumió. De hecho, cuando experimentamos el amor de Dios podemos ver Su amor reflejado en la ley, por más estricta que nos parezca.

Cuando nuestros hijos eran más pequeños, mi esposa y yo teníamos que poner reglas muy estrictas para protegerlos de los peligros. Por ejemplo; al salir de algún lugar público, los tomábamos siempre de la mano, porque tenían la tendencia a correr. Para ellos era muy emocionante ver gente y espacio libre para jugar. Nosotros, como padres, sabíamos de los peligros que la calle y el tránsito de automóviles implicaba. Al principio, tal vez mis hijos pensaban que tenían "padres aguafiestas", porque no los dejábamos jugar libremente. Pero al crecer y conocer el amor tan grande que tenemos por ellos, ven nuestras reglas como una demostración de ese amor.

De la misma manera nosotros, al conocer a Dios de una manera más personal y entender su amor por nosotros, podemos ver Su amor reflejado en la ley. El mundo no entiende las reglas que encontramos a través de la Palabra de Dios; las consideran extremistas. Ven a Dios como el "aguafiestas cósmico", aquel que está esperando cualquier oportunidad para quitarnos el gozo y el placer. Pero nada está más lejos de la realidad que esa forma de pensar.

Si el mundo comprendiera el amor de Dios se daría cuenta que todas esas reglas están impregnadas de Su amor, y al obedecerlas nos darán el gozo y el placer el pecado y la desobediencia nunca podrán ofrecernos. Dios, en su infinita sabiduría, sabe qué es lo mejor para nosotros.

Con respecto a vivir sólo basándose en reglas, Jesús les dijo a los fariseos que "lavaban el vaso por fuera, pero que por dentro estaban llenos de injusticia" (Mateo 23:25-26). Eso es en efecto lo que hacen las reglas cuando no son acompañadas por el amor: "Lavan el vaso por fuera", es decir, ponen atención a cosas externas.

Las personas dejan de practicar los pecados visibles como maldecir, fumar, emborracharse. Tal vez estos pecados son un poco más fáciles de dejar porque la presión del "qué dirán" ayuda. Pero descuidamos pecados menos obvios, pero más importantes; los pecados del corazón.

El salmista David entendía este engaño y por eso oraba: *"Líbrame de los que me son ocultos"* (Salmo 19:12). Muchos lavan el vaso por fuera sin atender lo oculto, sin atender el corazón.

Jesús habló palabras muy fuertes a los fariseos que criticaban a los discípulos porque no se lavaban las manos para comer. Realmente los fariseos no estaban criticando a los discípulos por su falta de higiene, sino por razones ceremoniales. Ellos pensaban que podían ser contaminados por espíritus que se trasmitían a través de los microbios, por eso Jesús les dijo que de nada les servía cuidar lo que entra, más bien debían cuidar lo que sale. Y les dijo: *"... del corazón salen los malos pensamientos, los homicidios, los adulterios, las fornicaciones, los hurtos, los falsos testimonios, las blasfemias" (Mateo 15:19).*

El amor de Dios trata nuestro corazón, el centro de nuestros problemas. Es por eso que las prisiones no cambian a nadie, sólo el amor de Dios puede llevar a un criminal a una total regeneración.

En otra ocasión, Jesús también les dijo a los fariseos: *"Mas yo os conozco, que no tenéis amor de Dios en vosotros"* (Juan 5:42). Allí estaba la clave de su problema. No conocían el amor de Dios, trataban de agradarlo con una vida de reglamentos regida por el temor.

Pero aquel que ha experimentado el amor de Dios es movido a obedecer la Palabra, y ella contiene reglas. Por eso, Jesús dijo: *"Si ustedes me aman, obedecerán mis mandamientos"* (Juan 14:15 versión "Dios habla hoy").

Sólo cuando tenemos el amor de Dios en nosotros podemos guardar la Palabra y vencer el pecado. Este es el mensaje de santidad más efectivo que podemos predicar. ¡Cuántas personas luchan con ataduras y pecados que no pueden vencer! No es por falta de arrepentimiento que no cambian. Muchas veces lloran de dolor por su pecado y se proponen no volver a cometerlo, pero al cabo de unas semanas vuelven a lo mismo. Otros oran y ayunan, y son fortalecidos por un tiempo, hasta que vuelven a lo mismo.

A través de tantos congresos me encuentro con jóvenes llorando de arrepentimiento por ataduras que no han podido vencer. Aunque a veces Dios puede exponer públicamente a una persona por su pecado, casos así son la excepción y no la norma.

En ocasiones se suele predicar que si la persona no confiesa públicamente su pecado será humillado por Dios, o inclusive se le advierte que es la última oportunidad que tiene de arrepentirse, de lo contrario será demasiado tarde.

Luego de este mensaje, muchos corren a la plataforma arrepentidos, pero todo su llanto no provoca santidad. El siguiente domingo, o el próximo congreso estarán nuevamente llorando su pecado. La razón por la que no hay un cambio duradero es porque el arrepentimiento fue provocado por el temor a la humillación. Únicamente el arrepentimiento provocado por el amor, perdura.

Es triste ver la frustración de tantas personas, su desesperación y su vergüenza, por no poder dejar tal o cual pecado, pero hay un camino más fácil.

Los besos de su boca

¡Si tan sólo dejáramos que su amor nos cambiara! Si tan sólo dejáramos que Él nos *"... besara con besos de su boca"* (Cantares 1:2), como dice la Palabra.

La mejor manera de expresar el amor es con un beso. Por eso la mujer pecadora no cesaba de besar los pies de Jesús cuando fue a la casa del fariseo. Su corazón desbordaba de amor por Jesús.

Por esa razón, cuando el padre recibió al hijo pródigo, besó su cuello. El hijo pródigo había estado apacentando cerdos, olía mal, tenía muy mal aspecto. Eso es lo que provoca el pecado en nuestra vida. El pecado nos hace despreciables, pero el Padre no rechaza al hijo que regresa al hogar. Corre hacia él, lo abraza y lo besa. Tampoco Dios nos rechaza cuando desobedecemos.

Un beso habla de amor y aceptación, gracia y perdón, paz y reconciliación. ¿Estás luchando con ataduras que no puedes vencer? Refúgiate en Su amor. Deja que Él te bese con los besos de Su boca.

Una de las definiciones originales de la palabra "besar" es: equipar con armas. En este contexto, el amor de Dios y sus besos son un arma para vencer la tentación y el pecado.

La manifestación del amor de Dios

La mejor manera de vencer las ataduras y los pecados en nuestra vida es recibiendo la manifestación del amor de Dios. Si experimentamos Su amor antes de ser tentados, venceremos.

Antes de ser llevado al desierto para ser tentado, Jesús recibió una manifestación del amor de Dios. Cuando salió del agua después de haber sido bautizado por Juan el Bautista, se abrieron los cielos, el Espíritu Santo descendió en forma de paloma, y se oyó una voz del cielo que dijo: *"Este es mi Hijo amando, en quien tengo complacencia"* (Mateo 3:17). Después de esto fue llevado por el Espíritu Santo al desierto para ser tentado por el diablo y de allí salió vencedor.

Jesús pudo vencer porque sabía que era el Hijo de Dios. Jesús pudo vencer, porque sabía que era amado por el Padre, y se aferraba a ese amor para vencer.

Es más fácil vencer las tentaciones cuando sabemos que hay alguien en casa que nos espera y nos ama. La mayoría de los jóvenes que luchan con problemas de promiscuidad vienen de hogares donde la manifestación del amor era escasa.

Si tan solo supiéramos aquellos que somos padres, lo importante que es demostrar constantemente el amor a nuestros hijos, no se nos pasaría un día sin hacerlo. El amor es la fuerza más poderosa, aún más que cualquier arma, porque nos lleva a vencer la fuerza más destructiva en la tierra: el pecado.

Cuanto más pienso en el asunto me doy cuenta que evito pecar porque Dios me ama y yo lo amo. Él me amó con amor eterno y no quiero ofenderlo.

Evito pecar porque mi esposa me ama y yo la amo, y no quiero herirla.

Evito pecar porque tengo tres preciosos hijos que me aman y yo los amo, y no quiero ofenderlos.

Evito pecar porque Dios puso en mis manos una tarea que ministra Su presencia y Su Cuerpo, y no quiero defraudarlo.

¡Tengo suficientes razones para dejar de pecar! ¿Y tú?

Aunque el amor de Dios es motivación suficiente, el amor de nuestros seres queridos es motivación adicional.

SU BANDERA SOBRE MÍ ES AMOR

El autor del libro de Hebreos dijo que el pecado nos asedia. El asedio es un ataque planeado y constante. Satanás conoce nuestras debilidades y quiere hacernos caer. Él constantemente está al acecho.

En momentos de tentación, cuando sentimos que el pecado nos asedia, debemos refugiarnos en el amor de Dios. El libro de Cantares dice: *"Su bandera sobre mí fue amor"* (Cantares 2:4).

Todos nosotros sabemos que si nos encontramos en un país que no es el nuestro y somos perseguidos injustamente por las autoridades locales, podemos acudir al lugar donde está nuestra bandera, la embajada de nuestra nación, y allí seremos protegidos. La bandera de nuestra nación representa protección.

Como hijos de Dios somos extranjeros y advenedizos en esta tierra. El apóstol Juan dijo que *"el mundo entero está bajo el maligno"* (1 Juan 5:19). Pero en este lugar, lejos de casa, hay una asta que se eleva hasta los cielos, y en ella una bandera que ondea movida por el viento del Espíritu.

Es una bandera que nos ofrece protección y refugio, ¡es la bandera del amor de Dios!

"Y levantará pendón (bandera) *a las naciones, y juntará los desterrados de Israel, y reunirá los esparcidos de Judá de los cuatro confines de la tierra"* (Isaías 11:12).

Cuando el pecado nos asedia podemos correr hacia esa bandera y refugiarnos en el amor de Dios. Allí el enemigo no puede tocarnos. Esta es una área de acceso prohibido para él.

El amor de Dios no es solamente para nosotros, sus hijos. Es también para todos aquellos que están lejos de Él. Su amor los atrae, Él no los rechaza. Los pecadores querían estar con Jesús porque sentían su amor.

¿Te has dado cuenta que a veces los pecadores no quieren estar con nosotros?

¿Te has dado cuenta que ven a la Iglesia como un lugar de juicio y condenación?

¿Será que no estamos predicando un mensaje de amor?

2. "Historia del cristianismo", tomo II, por Lattourette

"...Tomó el pan y lo bendijo, lo partió y les dio. Entonces les fueron abiertos los ojos, y le reconocieron...".

—LUCAS 24:30-31

CAPÍTULO 12

Camino a Emaús

El día domingo, tres días después de la crucifixión, dos discípulos iban camino a una aldea llamada Emaús. La jornada había sido larga, habían caminado una buena parte del recorrido de diez kilómetros desde Jerusalén a Emaús. La noche había empezando a caer, el cansancio y el sueño se notaban en sus ojos. Sumado a ello, estos hombres estaban desilusionados y tristes. Caminaban cabizbajos hacia su aldea y hablaban entre ellos acerca de lo que ese fin de semana había acontecido.

Todas sus esperanzas se habían esfumado. Todos sus sueños habían sido violentamente truncados. La ilusión de que su pueblo fuera redimido de la opresión ya se había perdido. Jesús ya no estaba entre ellos.

Regresaban a su aldea y a sus casas, a sus trabajos y negocios, vacíos de esperanza. Regresaban a su vida sin dirección ni sentido, al estupor de la rutina. El novio les había sido quitado, la fiesta había acabado. El tiempo de la canción había terminado...

Los últimos tres años habían sido maravillosos...

Jesús los había llamado. Los había cautivado. Los había despertado del letargo. Les había dado esperanza. Los había hecho entrar a una vida distinta, emocionante, expectante. Jesús había cambiado sus paradigmas acerca de Dios y de su Reino.

Por tres años había estado siempre con ellos. Su presencia les daba seguridad y confianza. Nunca antes se habían sentido así. Jesús era un hombre como ningún otro. Hablaba y actuaba con autoridad. Los demonios se le sujetaban al verlo. Sólo con decir la palabra, los enfermos eran sanados. Jesús parecía vivir en otra dimensión, en otro nivel. Su espíritu y su ánimo eran contagiosos, pero ahora todo eso era sólo un recuerdo.

Tal vez, en este momento podrás recordar tiempos mejores de tu vida, tiempos de prosperidad y bendición, tiempos de salud y abundancia. Cuando vivías en tal o cual ciudad. Cuando tenías un mejor trabajo. Cuando todo iba viento en popa en tus negocios. Cuando los hijos estaban en casa y todo era felicidad. Cuando la relación matrimonial era mejor. Pero para muchos eso es cosa del pasado, sólo un recuerdo y un tema de conversación.

De la misma manera, estos discípulos recordaban y hablaban de esos tiempos que se habían ido, porque Jesús ya no estaba con ellos. Había sido aprehendido, crucificado y sepultado, y ya era el tercer día y su promesa de resucitar de entre los muertos parecía apagarse.

Mientras hablaban de todas estas cosas se les acercó un caminante y empezó a conversar con ellos. *"¿Qué pláticas son estas que tenéis entre vosotros mientras camináis, y por qué estáis tristes?"* (Lucas 24:17), les preguntó.

Entonces comenzaron a hablar de su maestro, de su amigo, aquel que había caminado con ellos y les había permitido soñar de nuevo. Pero ahora ya no estaba entre ellos, había sido sentenciado a muerte y crucificado como un criminal común, y agregaron: *"Pero nosotros esperábamos que él era el que había de redimir a Israel; y ahora, además de todo esto, hoy es ya el tercer día que esto ha acontecido"* (Lucas 24:21).

A veces nos sentimos como los dos caminantes rumbo a Emaús, desilusionados y sin esperanza...

Cuando una enfermedad nos ha derribado...
Cuando la sanidad no ha venido...
Cuando perdimos a un ser querido...
Cuando perdimos todas nuestras posesiones...
Cuando una crisis familiar nos ha abatido...
Cuando problemas económicos azotan nuestra casa...
Entonces caminamos cabizbajos, tristes y llenos de desilusión.

Cuando nos agobian los problemas, nuestro corazón clama por regresar a casa. Como el hijo pródigo, que al sufrir hambre y ver a los cerdos comer las algarrobas sintió deseos de regresar a casa. *"Cuántos jornaleros en casa de mi padre tienen abundancia de pan"*, pensó, así que tomó la decisión diciendo: *"Me levantaré e iré a mi padre, y le diré..."* (Lucas 15:17-18).

Cuando los problemas nos azotan anhelamos regresar a casa, pero el camino a Emaús no es el camino de regreso al hogar sino que es la dirección opuesta. Es un camino vacío de esperanza. Es el regreso a la rutina de siempre, una rutina vacía de Dios. Es el camino de la autolástima y la conmiseración.

PAZ CON EL ENEMIGO

Uno de las decisiones más erradas que podemos tomar cuando una crisis azota nuestra vida, es hundirnos en nuestro dolor, optar por la retirada, y abandonar.

Renunciamos a nuestros sueños y a nuestro llamado, los cambiamos por la depresión y la autolástima. Buscamos una palmada en la espalda y una palabra de aliento. Si estábamos activos en algún ministerio, poco a poco nos retiramos, si teníamos alguna meta que alcanzar, renunciamos a ella.

Por razones equivocadas hay personas que llegan hasta el punto de encontrar deleite en su pesar, cuentan sus problemas como parte de su vida. Entonces, la retirada parece excusable: "Tengo razón suficiente como para renunciar", pensamos, pero esto no es correcto. Esto es hacer paz con el enemigo.

Jesús dijo: *"Cuando el hombre fuerte armado guarda su palacio, en paz está lo que posee..."* (Lucas 11:21). El hombre fuerte es Satanás, y cuando aceptamos su control, todo está en paz, él no tiene nada de que preocuparse.

Jesús dijo: *"La paz os dejo, mi paz os doy..."* (Juan 14:27), y Satanás dice lo mismo, él te deja su paz cuando aceptas su gobierno y sus condiciones, cuando aceptas sus ataques y renuncias a tus sueños.

Cuando aceptamos nuestro problema, nuestra crisis, cualquiera que esta sea, y renunciamos a nuestros sueños, todo estará en paz en el palacio del enemigo. Pero se requiere hombres y mujeres aguerridos y fuertes que le digan a Satanás: "No quiero tu paz", y se levanten a atar al hombre fuerte.

Puede sonar contradictorio que Jesucristo haya dicho: *"Mi paz os dejo, mi paz os doy..."* y que también haya dicho; *"no he venido para traer paz, sino espada..."* (Mateo 10:34), pero la realidad es que Él deja Su paz en nuestro corazón, pero pone una espada en nuestras manos para hacer guerra en contra del enemigo.

Cuando estamos a punto de tomar una decisión, decimos: "Como no sentía paz, no creí que fuera la voluntad de Dios, así que mejor decidí no hacerlo". Esta forma de pensar no es totalmente bíblica, porque podemos estar en medio de una guerra, en la que "no tenemos paz", y estar en el centro de la voluntad de Dios.

Jesús estaba en medio de una guerra desde el jueves en la noche que fue aprehendido hasta el momento de su muerte. Ese no era un tiempo de paz para Jesús. Eran días muy difíciles.

Angustia y tristeza llenaban su corazón al grado de decirle al Padre: *"Si quieres, pasa de mí esta copa; pero no se haga mi voluntad, sino la tuya"* (Lucas 22:42).

Si Jesús hubiera pensado: "No siento paz", tal vez hubiera renunciado a la cruz, pero no lo hizo. Él sabía que la aflicción, la tristeza y el dolor, eran parte de la voluntad de Dios para su vida en ese momento.

Para Jesús, el camino de la cruz era el camino de regreso al Padre. Puede ser que en este momento estés pasando por tristeza y aflicción, y quieras renunciar, pero al hacerlo te estarás alejando más y más de la casa de tu Padre.

Atravesar por una situación difícil no significa que debes renunciar u optar por la retirada. ¡Es tiempo de avanzar! Es tiempo de hacer guerra.

Los problemas vendrán, pero no deben detenernos.

Los dos caminantes de Emaús iban tan cansados y abatidos que no se dieron cuenta quien era el que caminaba a su lado. Después de oír las quejas de estos hombres, el caminante empezó a hablar con ellos, *"Y comenzando desde Moisés, y siguiendo por todos los profetas, les declaraba en todas las Escrituras lo que de él decían"* (Lucas 24:27). Era Jesús quien hablaba con ellos en el camino.

Les hablaba con autoridad y conocimiento, de tal manera que el tiempo corría y, cuando menos lo esperaban, ya había llegado al lugar adonde iban. La Biblia dice que Jesús hizo como que iba más lejos, pero ellos le pidieron que se quedara, es más, la Biblia dice que le obligaron a quedarse diciéndole: *"Quédate con nosotros, porque se hace tarde, y el día ya ha declinado"* (Lucas 24:29).

Para muchos, el día ha declinado y la noche está llegando, cualquier señal de esperanza es buena, cualquier palabra de ánimo es aceptada, por eso los discípulos le obligaban a quedarse. Ese hombre hablaba palabras que hacían arder su corazón, con sus palabras les volvía la esperanza que habían perdido el viernes cuando su Maestro expiró en una cruz.

EN LA MESA DEL SEÑOR

Jesús decidió quedarse con ellos, pero aún siguieron sin reconocerlo. Estaban tan desilusionados, tan cansados, que sus ojos estaban velados y no se daban cuenta que el que acababa de entrar a su casa y estaba a su lado, era el Maestro resucitado.

Hasta entonces no habían podido reconocerlo, pero cuando se sentaron a la mesa a compartir el pan con Jesús, algo asombroso sucedió.

Jesús tomó el pan, lo bendijo, lo partió, y se los dio para comer. Fue en ese momento que sus ojos fueron abiertos milagrosamente y pudieron reconocer a su Maestro, al Cristo resucitado, aunque luego desapareció de su vista.

Una gran carga fue quitada de sus hombros. El pesar y la tristeza se fueron. Allí estaba el Maestro con ellos. ¡Había resucitado!

Estaban tan emocionados que se les olvidó el cansancio, porque inmediatamente se levantaron de la mesa y emprendieron el camino de regreso a Jerusalén, el camino de regreso "a casa".

El camino a casa es el camino que te lleva en la dirección correcta, no es el camino que te lleva a tu domicilio. Puede ser que en este momento te encuentres en tu domicilio, pero tal vez estés muy lejos de casa.

Cuando estamos en desobediencia, estamos lejos de casa.

Cuando vivimos con ataduras y pecados, estamos lejos de casa.

Cuando vivimos en depresión, estamos lejos de casa.

Cuando no hacemos la voluntad de Dios, estamos lejos de casa.

Entonces, los discípulos iban de regreso a "casa" y contaban todo lo que les había acontecido y cómo lo habían reconocido al partir el pan.

Es en la mesa del Señor que nuestros ojos son abiertos. Cuando compartimos el pan con Él, podemos verlo, porque el pan partido es Jesús. En la mesa del Señor captamos la inmensidad de Su amor. En la mesa del Señor llegamos a comprender que, no importa cuán grande sea nuestro problema, ¡Su amor es suficiente para poder sobrellevarlo!

Si en ocasiones has creído que el Señor no está interesado en tu problema, piensa en lo siguiente:

¿Que tenía que hacer Jesús en ese trayecto de Jerusalén a Emaús?

Él podía haber regresado al cielo, ya que el Padre lo estaba esperando. Podía haber recorrido el mundo y proclamado a los principados y potestades la victoria en la cruz. Podría haber estado haciendo "cosas más importantes", pero en su gran amor fue a encontrarse con dos caminantes cansados y tristes, camino a una aldea desconocida. Porque para eso murió en la cruz, para traer paz y consuelo al corazón afligido.

De la misma manera está contigo ahora en tu jornada de Jerusalén a Emaús y quiere mostrarte Su amor y Su perfecta voluntad para tu vida.

¿Estás triste, afligido y cansado? Ven a la mesa del Señor. Allí Él abrirá tus ojos y te darás cuenta que en todo tu viaje de Jerusalén a Emaús, estuvo contigo.

No camines afligido en el día de la resurrección.

No permanezcas en prisión el día de tu libertad.

No llores por Saúl, cuando Dios ya se ha provisto de un David.

No sigas dando vueltas en el desierto, cuando el Jordán ya está a la vista.

No digas: si hubieras estado aquí, mi hermano no hubiera muerto. ¡Él es la resurrección y la vida!

Ven a la mesa ahora, en este mismo momento puedes sentarte con Él, y Su presencia será el bálsamo que sanará todas tus heridas.

Él aderezará mesa delante de ti en presencia de todos tus angustiadores.

ESTAD SIEMPRE GOZOSOS

Una de las cosas más difíciles para el hombre es tener gozo en medio de situaciones difíciles. Aun así el consejo del apóstol Pablo es que estemos siempre gozosos, pero... ¿Cómo podemos tener gozo en medio de situaciones graves?

El problema está en que confundimos gozo con alegría. La alegría es producida por situaciones externas, el gozo no. La alegría es producto del resultado de las circunstancias, sin embargo, el gozo viene a pesar de ellas.

Hablando de Jesús, el autor de Hebreos dijo que: *"por el gozo puesto delante de él, sufrió la cruz"* (Hebreos 12:2). ¿Cómo es posible que Jesús haya tenido gozo en semejantes circunstancias? En Su corazón estaba la seguridad y la convicción de que el Padre tenía todas las cosas bajo control y estaba con Él en medio de todo lo que sucedía. Jesús confiaba absolutamente en el cuidado del Padre.

Recientemente, mi familia y yo fuimos a una gran tienda en los Estados Unidos. Cada uno se dirigió a los diferentes departamentos que le interesaban. Yo fui por un lado con mi hijo Adrián, y mi esposa se fue por otro con las niñas, de esa manera haríamos las compras más rápidamente.

Después de unos minutos encontré a mi esposa en un sector de la tienda, e inmediatamente noté que mi hija Jaanai no estaba con ella. Al preguntarle por la niña, mi esposa me dijo que ella pensaba que estaba conmigo. Rápidamente corrimos hacia el lugar donde la vimos por última vez, y al llegar la encontramos muy entretenida, sin preocupación aparente en su rostro.

Estaba doblando y desdoblando una camisa que estaba ubicada en un estante. Fuimos hacia ella, la abrazamos, le preguntamos como estaba. Nos respondió que aunque se sentía un poquito nerviosa, estaba bien porque su mamá le había enseñado que si alguna vez algo así sucedía, debía permanecer en el mismo lugar donde la dejamos, hasta que regresáramos por ella, ya que si se ponía a buscarnos, se extraviaría aún más. Además, yo le había asegurado que si algo así sucedía regresaríamos por ella, porque es nuestra hija y la amamos mucho. La seguridad de mi hija no dependía de las circunstancias, sino de las palabras que su mamá y su papá, le habíamos repetido una y otra vez.

Aunque comparar la angustia y sufrimiento de Jesús en la cruz con mi hija perdida en el centro comercial no es equiparable, nos enseña algo muy importante: Jesús también estaba confiado en el Padre porque conocía Su amor y sabía que lo tendría todo en control.

"ESPERAR EN TI"

Una de las canciones que hemos grabado que más ha bendecido es: "Esperar en ti". La escribí en un tiempo de enfermedad, trayecto que recorrí de Jerusalén a Emaús a lo largo de siete meses. Este tiempo fue difícil, pero a través de él aprendí a confiar en el Señor, aun en los momentos más duros.

Hemos recibido cientos los testimonios de personas en muchos lugares, acerca de cómo Dios las ministró a través de esta canción. Pastores cansados, madres abandonadas, personas con enfermedades terminales, matrimonios a punto de desintegrarse, familiares que perdieron a un ser querido, etc.

También hemos recibido mensajes inspiradores de familiares que sobreviven a personas que estuvieron enfermas por mucho tiempo hasta morir, y de alguna manera esta canción les daba fuerzas para continuar.

Un joven me escribió una carta que decía así:

"Querido Jesús Adrián:

Tengo 26 años de edad y hasta los 23 pensaba que mi vida era 'perfecta'. A finales del año '96, mi papá enfermó y después de 7 meses, el Señor quiso llevárselo con Él. Con la ayuda de Dios, mi madre, mi novia Mariela y yo pudimos seguir adelante a pesar del dolor, (no sabes cómo extraño a mi viejo).

Después de algún tiempo de haber fallecido mi padre, mi novia Mariela y yo pusimos fecha de casamiento y el Señor nos regaló lo más sublime y hermoso que creó en el mundo: el matrimonio.

En mayo de 1999 nos casamos, y todo salió perfecto: la ceremonia, la fiesta, la luna de miel. A los 25 años me sentía un hombre realizado.

Mariela, mi esposa, era la mujer perfecta. Cristiana, dulce, delicada y excelente persona. Te cuento que teníamos mil proyectos, entre ellos estaba tener hijos y alegrarle la vida a mi madre. Pero... todo a su debido tiempo.

¿Tiempo?

¿Qué dije?

Soy fotógrafo de profesión, y mi esposa aprendió el trabajo de camarógrafo. Comenzó a trabajar conmigo y estabamos siempre juntos.

En 11 de septiembre de 1999, mientras estábamos trabajando en medio de una boda, Mariela se descompuso y la llevé urgentemente al hospital. Nadie me decía lo que sucedía hasta que el doctor me explicó que mi esposa había sufrido un derrame cerebral.

El lunes 13 de septiembre a la 1:30 de la mañana, Mariela me dejó solo, partió con el Señor... Se me salió el alma del cuerpo, quería irme con ella, para mí la vida ya no era posible.

En los días posteriores comencé a desarrollar un resentimiento hacia el Señor. Volví a transitar los mismos lugares que dos años antes había recorrido con la muerte de mi papá: el funeral, el cementerio...

Esto fue demasiado para mí.

Mariela y yo teníamos la vida llena de ilusiones. Algunos regalos de nuestra boda aún no habían sido abiertos. Nuestra videocinta del casamiento aún estaba sin editar.

¡Imagínate tal desprendimiento! No era digerible por ningún lado que lo mires. La angustia, la impotencia y la lamentación se apoderaron de mí. No salí de mi habitación por una semana.

Recorría mi casa como un 'fantasma'. Pasaba largas horas viendo nuestras fotos, hasta que entré en una depresión que me mantuvo encerrado por cuatro meses, más tiempo del que estuve casado con Mariela.

Por necesidad económica volví a trabajar. Alrededor de ese tiempo, mis suegros, que también sufrían por la muerte de Mariela, me regalaron un disco tuyo que escuchaba día y noche. El problema de la depresión y el sufrimiento continuaban en mí.

Un día, cuando regresaba del trabajo en el tren, decidí quitarme la vida porque ya no soportaba más. Aun siendo cristiano hacía doce años no entendía nada de la vida, y sentía la muerte mucho más familiar.

Cuando me paré en el estribo del tren para quitarme la vida, Jesús me habló y me acordé de una de tus canciones:

Y esperaré pacientemente,
Aunque la duda me atormente.
Yo no confío con la mente
Lo hago con el corazón
Y esperaré en la tormenta,
Aunque tardare tu respuesta.
Yo confiaré en tu providencia.
Tú siempre tienes el control

Desistí de lo que estaba haciendo y luego de ese momento me sentí diferente, como si me hubieran echado un balde de agua fría que me hizo reaccionar.

Nunca más tuve la intención de quitarme la vida. La esperanza de volver a encontrarme con Mariela y mi papá, volvió a mi corazón.

Aún los extraño mucho, son parte de mi vida y los llevo en mi corazón.

Me mudé de Argentina para escapar de todos los recuerdos que me hacían llorar cada momento. Decidí empezar una nueva vida con Jesús y sigo confiado en que el Señor pronto me dará una salida total de mi angustia.

Me fue difícil escribir esta carta porque me hizo recordar todo lo que sucedió, pero sentí que era necesario hacerlo para darte las gracias y al mismo tiempo sepas que lo que el Señor te ha dado nos ministra a muchos.

Jesús Adrián: ¡Gracias por leer mi carta y nunca dejes de componer canciones que traen sanidad y restauración!

Dios te bendiga a vos y a toda tu banda."

Ariel Hernán Cuelio

Ariel caminó el trayecto de Jerusalén a Emaús, pero "volvió a casa". Como él, necesitamos aprender a confiar más en nuestro Dios.

La mayoría de nosotros no tenemos ningún problema para confiar en que mañana Dios hará salir el sol.

Confiamos en que Dios mantendrá a los planetas viajando por su órbita alrededor del sol.

Confiamos en que Dios continuará programando correctamente y sin equivocarse, las estaciones del año.

Confiamos en que Dios no dejará caer las estrellas en el firmamento.

Confiamos en Su omnipotencia, omnisciencia, y omnipresencia para mantener todo el universo bajo control, y si podemos confiar en Dios para estas cosas tan complicadas... ¿Será posible confiar en que también tiene nuestra vida bajo Su control y que está obrando Su perfecta voluntad en nosotros, no importa cuán difícil nos parezca todo?

¡Sí, podemos!

CORAZONES HERIDOS

Uno de los problemas que desarrollamos al estar pasando por alguna enfermedad o alguna crisis fuerte en nuestra vida, es que nuestro corazón casi siempre termina herido.

En la mayoría de los casos la herida viene porque nuestra sanidad no llega, o porque la crisis continúa a pesar de nuestras oraciones. En tiempos de enfermedad y crisis, nuestras "defensas espirituales" bajan. La razón es que al no recibir la sanidad, pensamos equivocadamente que Dios no nos ama, que no nos escucha, o que está muy lejos de nosotros. Jesús mismo se sintió así en la cruz cuando clamó: *"Dios mío, Dios mío, ¿por qué me has desamparado?"* (Marcos 15:34).

Tengo tres hijos y siempre trato de estar cerca de ellos, pero en tiempos de enfermedad o crisis en sus vidas, me acerco aún más. Trato de demostrarles de muchas formas que los amo y que estoy con ellos.

Si yo, siendo hombre, actúo de esta manera, ¡cuánto más afectuoso será nuestro Padre celestial! La única razón por la que yo actúo de esa manera es porque me parezco a Dios, el Padre. ¡Él me hizo a su imagen!

¡No estás solo!

En la canción "Esperar en ti" hay una palabra que resume en gran parte lo que escribí en este capítulo, y es la palabra "Providencia". Este es un término teológico. Es una palabra que sólo puede ser usada con relación a Dios. Habla del poder de Dios. Su omnisciencia, Su omnipresencia, Su omnipotencia. La habilidad que sólo Él tiene para mantener todas las cosas en control, utilizando todas las circunstancias para cumplir Sus propósitos.

José entendía muy bien este principio, porque aun cuando fue odiado por sus hermanos, vendido como esclavo, acusado falsamente de haber violado a la esposa de Potifar, y muchas cosas más, confiaba en la providencia de Dios.

Cuando sus hermanos fueron a comprar alimento a Egipto, se llenaron de temor al reconocer que el gobernador de ese lugar era José, el que habían vendido como esclavo. Ellos pensaban que los reconocería, y al ser un hombre tan poderoso, podía matarlos. Pero José tenía una perspectiva totalmente distinta. Él sabía que aun en las cosas más difíciles que le habían sucedido, Dios había estado en control y aún lo estaba.

Así que al verlos atemorizados, les dijo que no se preocupasen, que no haría nada en contra de ellos, y agregó: *"Vosotros pensasteis mal contra mí, mas Dios lo encaminó a bien, para hacer lo que vemos hoy, para mantener en vida a mucho pueblo"* (Génesis 50:20).

Cuando atravesamos una crisis pensamos que Dios está totalmente ajeno a lo que nos está sucediendo. El desierto por el que estamos pasando nos hace sentir solos y desamparados, pero Su providencia está controlándolo todo. Él está obrando Su perfecta voluntad, aun cuando parezca que todo está en nuestra contra.

Jesús nos hace ver lo importante que somos para nuestro Padre y como Él tiene cuidado de nosotros, al decirnos; *"¿No se venden dos pajarillos por un cuarto? Con todo, ni uno de ellos cae a tierra sin vuestro Padre. Pues aun vuestros cabellos están todos contados. Así que, no temáis; más valéis vosotros que muchos pajarillos"* (Mateo 10:29-31).

Si una hoja de un árbol no cae sin que sea Su voluntad. Si un pájaro no muere sin que Él lo sepa. ¿No valemos nosotros mucho más?

Él conoce tu dolor y camina contigo. Él está obrando Su perfecta voluntad en tu vida.

Ven a la mesa para que puedas verlo, y escuchar Su voz hablando paz a tu corazón.

*"Bienaventurado es el
que no halle tropiezo en mí".*

—Mateo 11:6

CAPÍTULO 13

Piedras de tropiezo

Jesús, el hijo de Dios, nació en un pueblo pequeño sin relevancia llamado Belén. Al nacer, su madre lo acostó en un comedero para animales entre los olores de un establo, porque no había lugar para Él en el mesón.

Los primeros en verlo y anunciar su nacimiento fueron hombres cuyo oficio era considerado de los más humildes entre los hebreos; eran pastores comunes y corrientes de la región.

Jesús creció en Nazaret, un pueblo marginado de la aristocracia judía. *"¿De Nazaret puede salir algo de bueno?"* (Juan 1:46), decía la gente.

Isaías describió la aparente insignificancia de la vida de Jesús de la siguiente manera: *"Subirá cual renuevo delante de él, y como raíz de tierra seca"* (Isaías 53:2).

Nadie se hubiera imaginado quién era Jesús al ver su nacimiento y su crecimiento. Jesús era como un pequeño renuevo, como una pequeña planta que podía ser fácilmente pisoteada y destruida. Como un pequeño vástago que podía morir por el simple efecto de una helada de la noche. Todo lo que lo rodeaba era aparentemente tierra seca, por eso el profeta describe su vida como "raíz de tierra seca".

El establo que lo vio nacer, el pueblo que lo vio crecer, el hombre y la mujer que escogió como padres. Todo esto era "tierra seca", un lugar poco apropiado para que creciera el "árbol de la vida". Por eso el profeta preguntó: *"¿Quién ha creído a nuestro anuncio?"* (Isaías 53:1). Pero, ¿quién podía creer a ese anuncio?, no era lo suficiente sofisticado.

¿Cómo podían creer que de ese pequeño grano de mostaza crecería un gran árbol?

"Y aunque tu principio haya sido pequeño, tu postrer estado será muy grande" (Job 8:7).

Esta es la descripción de la vida de Jesús, pero también es la descripción de la mayoría de las cosas que Dios hace. Empiezan así, insignificantes. Los lugares que se consideran "poco probables" para que algo trascendente salga de ellos, son los que Dios escogió para hacer nacer sus propósitos. Frecuentemente escuchamos testimonios de ministerios que Dios ha levantado en los lugares más "áridos".

Dios sigue destruyendo nuestros paradigmas, confundiendo nuestras presuposiciones, y burlando nuestros planes de grandeza a través de los hombres y ministerios que Él levanta. *"Lo necio del mundo escogió Dios, para avergonzar a los sabios; y lo débil del mundo escogió Dios, para avergonzar a lo fuerte"* (1º Corintios 1:27).

Desde Su nacimiento hasta Su muerte en medio de dos ladrones, la historia de Jesús fue algo común. La encarnación del Hijo de Dios en las circunstancias más comunes, es una muestra del gran deseo que Dios tenía de que le conociéramos. Sin embargo, esto se volvió un obstáculo para la mayoría de los contemporáneos de Jesús.

La forma en la que Dios humanizó a Su Hijo se volvió una piedra de tropiezo para muchos, por eso Jesús dijo: *"Bienaventurado es el que no halle tropiezo en mí"* (Mateo 11:6).

El tipo de Mesías que los judíos esperaban era como algunos de los hombres que gobernaban en aquellos años, líderes hábiles, déspotas y sin misericordia.

Aproximadamente 320 años antes de que naciera Jesús, Alejandro Magno había muerto, y sus hazañas y conquistas eran admiradas por todos. Los judíos esperaban que el Mesías fuera un líder como lo fue Alejandro Magno, o un gran rey como lo había sido David en la época de oro de Israel. Pero Jesús llegó a ellos como un siervo humilde, montado en un asno, convirtiéndose así en una piedra de tropiezo para muchos.

Los judíos, los edificadores, hallaron tropiezo en Él, le rechazaron, *"pero... la piedra que los edificadores desecharon, ha venido a ser la cabeza del ángulo"* (1° Pedro 2:7). Y aquellos que no lo rechazaron y lo recibieron, vinieron a ser parte del Reino y se les dio potestad de ser hechos hijos de Dios.

Sólo aquellos con hambre de Dios y sensibilidad espiritual pudieron discernir quién era Jesús. Como el anciano Simeón en el templo, quien después de ver al niño Jesús, lo tomó en sus brazos y oró diciendo: *"Ahora, Señor, despides a tu siervo en paz, conforme a tu palabra; porque han visto mis ojos tu salvación..."* (Lucas 2:29-30).

Tanto Ana como Simeón no tropezaron con esa piedra. Pudieron discernir ese tiempo de visitación y reconocer que el niño en brazos de María, era el Creador del universo encarnado, el Anciano de días en el cuerpo de un bebé, el Salvador del mundo, indefenso. En cambio, como dijo Jesús, muchos no conocieron el tiempo de su visitación (Lucas 19:44), porque tropezaron en Él.

Constantemente Dios quiere bendecirnos a través de situaciones y personas que, por nuestra falta de sensibilidad espiritual, se vuelven piedras de tropiezo. Una predicación dada por alguien que no consideramos tan refinado. Una amistad que menospreciamos porque la sentíamos incompatible. Un ministerio en el que no creímos porque no estaba a nuestra altura. Un mover de Dios que no iba de acuerdo a "nuestra teología".

El general Naamán estuvo a punto de tropezar con una "piedra" que Dios puso delante de él cuando inicialmente rechazó la forma en que el profeta Eliseo lo instruyó para que recibiera la sanidad. Lo que el profeta le mandó hacer no iba de acuerdo a la "teología personal" del general.

Cuando Naamán fue a visitar al profeta Eliseo, este ni siquiera salió a recibirlo, sólo le mandó decir que fuera a zambullirse siete veces en el río Jordán, orden que Naamán rechazó retirándose enojado diciendo: *"He aquí **yo decía para mí**: Saldrá él luego, y estando en pie invocará el nombre de Jehová su Dios, y alzará su mano y tocará el lugar, y sanará la lepra. Abana y Farfar, ríos de Damasco, ¿no son mejores que todas las aguas de Israel?..."* (2º Reyes 5:11-12).

La frase: "Yo decía para mí" habla de su "teología personal" muy arraigada en su corazón y su mente. Esta teología personal, era la forma en la que Naamán asumía que Dios iba a obrar.

Constantemente luchamos con razonamientos similares. Encerramos a Dios dentro de nuestras "figuras geométricas", y si lo que está sucediendo no puede ser resuelto "multiplicando base por altura", lo rechazamos diciendo que no es de Dios. Pero Él no obra de acuerdo a nuestros razonamientos o teologías personales. Él es soberano, y la única forma de entender lo que está haciendo es con un corazón sensible.

Hay tantas situaciones con las que muchos tropiezan y siguen tropezando una y otra vez, y en ocasiones con la misma piedra, perdiéndose las bendiciones que Dios tenía preparadas para ellos.

Parece ser que Dios se especializa en poner en nuestro camino piedras de tropiezo. ¿Por qué?

"Si hemos de conocer al Cristo viviente, debemos de conocerlo a través del Espíritu y no por apariencias"[3].

A veces, el Señor se aparecerá de formas que nos será difícil reconocerlo, al menos que lo conozcamos en el Espíritu. Los creyentes, además de vivir en la tierra, vivimos en una dimensión diferente a los demás: la dimensión del espíritu. Cuando interpretamos las cosas espirituales con una mente natural no las entendemos y las rechazamos, pero la Biblia dice que las cosas espirituales deben de percibirse con los ojos de la fe. Porque *"por fe andamos, no por vista"* (2º Corintios 5:7), dijo el apóstol Pablo.

En el Reino de Dios todos somos piedras vivas y debemos de tener mucho cuidado con las personas o situaciones que a veces rechazamos, porque se pueden volver piedras de ángulos.

Cuando rechazamos piedras de ángulos no podemos ser parte del edificio que está siendo formado. Dios constantemente está construyendo edificios a través de su Reino.

A veces pensamos que lo que está sucediendo en nuestra congregación, en nuestro movimiento, o en nuestro ministerio, es lo único, o lo máximo. Pero Él está cumpliendo Sus propósitos a través de todo Su Cuerpo. Él está haciendo Su voluntad a través de diferentes personas y ministerios, aunque tal vez muchos no lleguen a ser parte de esos propósitos porque tropiezan. Es decir, rechazan aquello que Dios levantó.

Al viajar a través de Latinoamérica encontré a muchos hombres y mujeres que son piedras de ángulo en el Reino de Dios. A veces parecen ser personas insignificantes, tal vez no han escrito libros, o sus nombres no son conocidos por todos, pero Dios los está usando poderosamente en sus naciones o ciudades. Son piedras de ángulos en el Reino de Dios.

Puede ser que la bendición mayor para tu vida esté camuflada detrás de algo o alguien que consideras incompatible. A veces, las personas con las cuales tenemos más dificultades son las que Dios quiere usar para tratar con nuestra vida. En ocasiones, las personas que menospreciamos son las que Dios levantará para bendición de muchos.

Séneca dijo: *"De la más humilde choza puede surgir un héroe, y del cuerpo más deforme, el alma más bella..."*

La mayor piedra de tropiezo es la Cruz. El Dios del Universo, el Creador de todo lo que existe, colgado de un madero.

Cuando el Evangelio comenzó a extenderse por el Imperio Romano, el mensaje de la cruz encontró la oposición de muchos.

La gente creía en un sinnúmero de "poderosos dioses", aquellos de los cuales leemos, especialmente en la literatura griega; sin embargo, rechazaban el mensaje de la cruz porque no entendían cómo Dios podía ser humillado de tal manera en esa muerte de cruz.

Isaías proféticamente nos presentó el cuadro acerca de Jesús en el madero: *"No hay parecer en él, ni hermosura; le veremos, mas sin atractivo para lo que le deseemos. Despreciado y desechado entre los hombres, varón de dolores, experimentado en quebranto; y como que escondimos de él el rostro, fue menospreciado, y no lo estimamos"* (Isaías 53:2-3).

De acuerdo a Isaías, Jesús en esa cruz era sin hermosura y sin atractivo alguno para ser deseado. Jesús en la cruz era la ignominia más humillante, el escarnio de los hombres. El Hijo de Dios desnudo y colgado de un madero. Angustiado hasta la muerte, abandonado por los hombres y por Dios, con su espalda surcada por los azotes, con su frente perforada y su rostro hinchado por las espinas, con su costado horadado, y débilmente clamando *"tengo sed"*(Juan 19:28).

¿Cómo puede ser que la confianza de los hombres esté puesta sobre un hombre tan débil y herido?

¿Cómo puede ser que Dios se despoje de sí mismo al grado de terminar en una cruz?

Por eso la cruz es piedra de tropiezo, por eso *"... la palabra de la cruz es locura para los que se pierden"*(1º Corintios 1:18).

Pero así obra el Señor; ese parece ser su "Modus operandi". Constantemente está poniendo en nuestro camino bendiciones camufladas que sólo pueden verse a través de los ojos de la fe.

Haciendo referencia a este camuflaje, el autor del libro de Hebreos dijo: *"No os olvidéis de la hospitalidad, porque por ella algunos, sin saberlo, hospedaron ángeles. Acordaos de los presos..."* (Hebreos 13:2-3).

Necesitamos ser sensibles porque *"es normal para Dios venir a nosotros en formas que nos es difícil reconocerlo y de maneras que no es fácil rechazarlo".* [4]

Necesitamos descubrir los caminos y los pensamientos de Dios, que difieren mucho de los nuestros. Sólo entonces experimentaremos la totalidad de Su plan para nuestra vida.

Todo lo que creemos como cristianos, para el mundo parece ser una paradoja, una aparente contradicción, una piedra de tropiezo. "Perdemos para ganar", "morimos para vivir", "somos los postreros para ser los primeros", "bajamos para subir" "damos para recibir", "para ser el mayor, tenemos que ser el menor". Si nos parece difícil digerir este estilo de vida, sólo tenemos que voltear y ver a Jesús para darnos cuenta que Él encarnó cada una de estas paradojas.

MINISTERIOS DE CONTACTO

Cuando estudiábamos la vida de Jesús en el grupo de discipulado, nos dimos cuenta que Él siempre estaba en lugares de necesidad: En un funeral, en la casa de algún enfermo, en el estanque de Betesda, entre todo tipo de afligidos, con los publicanos, etc. Al verme a mí mismo y a los demás hombres en un restaurante, con una mesera atendiendo cada una de nuestras necesidades, no pude evitar preguntarle a los hombres: "Si Jesús viniera físicamente a la tierra a ministrar de nuevo, ¿Adónde iría? ¿A nuestro grupo de discipulado? ¿A nuestros congresos? ¿A nuestras conferencias y campamentos? ¿A nuestros conciertos? La respuesta fue unánime: "Jesús iría a los lugares de necesidad", como: los hospitales, los guetos, y las cárceles. Él vendría a servir, a buscar a los perdidos y a sanar a los enfermos.

La realidad de la situación es que Jesús está aquí en la tierra. Nosotros, la Iglesia, somos Su cuerpo. Esto no es una analogía, no es una metáfora. La Iglesia no es parecida al Cuerpo de Cristo, no es una representación del cuerpo de Cristo, ¡la Iglesia "es" el Cuerpo de Cristo! y debemos hacer lo que Él haría si estuviera físicamente entre nosotros.

Mientras lees este libro, te invito a que te detengas por un momento y veas tus manos. Sin soltar el libro, observa tus manos, la forma, los dedos. ¿Ya las viste?

¡Esas son las manos de Cristo!

Él no tiene otras, tus pies son los pies de Cristo, tus labios son los labios de Cristo. El apóstol Pablo dijo: *"¿no sabéis que vuestros cuerpos son miembros de Cristo?"* (1º Corintios 6:15).

Todo lo que Jesús quiere hacer, lo hará a través de Su Cuerpo, la Iglesia.

No debemos tropezar confundiendo nuestro llamado.

En la actualidad predomina una mentalidad que nos está haciendo tropezar. Los cristianos nos hemos vuelto plantas de invernadero que no conocemos el mundo real. Los invernaderos son nuestros edificios, nuestros congresos, nuestras escuelas cristianas, nuestras casas, nuestros automóviles, y en algunas ocasiones nuestros ministerios, cuando estos giran alrededor de nuestra necesidad o de nuestro capricho.

Una planta de invernadero no conoce el mundo real, no experimenta las inclemencias del tiempo. Son plantas especiales, su único propósito es ser admiradas por los demás. Son plantas de mucho mantenimiento pero de corta vida. Así son muchos cristianos. Pero Jesús no actuó de esa manera, el profeta dijo: *"Subirá cual renuevo delante de él"* (Isaías 53:2). Él no fue planta de invernadero, fue un débil renuevo expuesto a los peligros del mundo real.

Como cristianos hemos construido una burbuja alrededor de nuestra vida con la excusa de protegernos y proteger a nuestros hijos o nuestros ministerios. Eso nos ha sacado del contacto con la realidad. Hemos desarrollado un estilo de vida totalmente "separado del mundo". Tenemos nuestras propias escuelas, nuestros clubes, nuestros congresos, nuestros campamentos.

No estoy en contra de la educación cristiana, mis hijos asisten a una escuela cristiana. Pero creo que muchos confunden el propósito de las escuelas cristianas. Ellas deben proveer educación cristiana, contrarrestando así la corriente de educación humanista que está contaminando la mente de tantos niños. Pero muchos deciden poner a sus hijos en escuelas cristianas porque las ven como el lugar de refugio para que los niños no se contaminen con el mundo, ¿No debería ser al revés? ¿No deberíamos "contaminar" al mundo?

¿Cómo podremos ser la luz del mundo si nos alejamos de los lugares de oscuridad? ¿Cómo podrá el mundo ver la luz, si la escondemos debajo de un almud?

En lugar de ser luz del mundo nos estamos deslumbrando unos a otros.

Hemos dejado de actuar como el Cuerpo de Cristo.

Como Iglesia nos hemos encerrado entre cuatro paredes, y nuestro mayor ministerio consiste en hacer sentir mejor al hermano mayor, celoso e inmaduro, y hemos ignorado al hijo pródigo llamando a la puerta.

Nos hemos olvidado de la hospitalidad, de los presos, los indigentes, los enfermos. Hemos levantado ministerios profesionales para atender a estas necesidades, pero nosotros estamos totalmente fuera de contacto.

No hemos entendido que la forma en la que Jesús se mostrará a nosotros no siempre será igual.

OTRAS FORMAS

En el relato que Marcos hace acerca de la resurrección de Jesús dice: *"Pero después apareció en otra forma a dos de ellos que iban de camino, yendo al campo"*(Marcos 16:12).

La frase "otra forma" hace referencia a otra apariencia externa, otra apariencia física. Aparentemente, los discípulos que iban rumbo a Emaús no lo reconocieron porque Su apariencia no era la que ellos estaban acostumbrados a ver. Se les apareció en otra forma.

Cuando la metamorfosis toma lugar, debemos discernir su nueva apariencia.

¿Lo has visto últimamente y no lo reconociste?

¿Lo has visto escondido en los harapos de un pordiosero?

¿Lo has visto en la apariencia ruda y desafiante de un hombre tras las rejas? ¿En el cuerpo lánguido de un enfermo en su fase terminal?

¿Lo has visto últimamente?

Creo que ayer lo vi en la salida del Aeropuerto Internacional de Tegucigalpa, Honduras, en el rostro suplicante de un niño de la calle que pedía dinero para comer. Puse algo de dinero en sus manos y le ofrecí una sonrisa. Sus ojos brillaron y me regresó una hermosa y tímida sonrisa...

¿Eras tú Señor?

En ocasiones mi esposa recogió niños de la calle y los llevó con nuestros hijos a comer a restaurantes. Cierta vez llevó a varios de ellos a un restaurante. Cuando los niños entraron, el gerente no quería dejarlos pasar porque pensaba que iban a pedir dinero, pero mi esposa se acercó al mesero y orgullosamente le dijo que los niños venían con ella. Los ojos de los pequeños se abrieron como platos, y una pequeña sonrisa se dibujó en sus rostros. Quizás era la primera vez que alguien los llevaba a un restaurante y los defendía de esa manera.

¿Quiénes serían esos niños?

Jesús respondió a esta pregunta cuando dijo:

"Porque tuve hambre, y me disteis de comer; tuve sed, y me disteis de beber; fui forastero, y me recogisteis; estuve desnudo, y me cubristeis; enfermo, y me visitasteis; en la cárcel, y vinisteis a mí" (Mateo 25:35-36).

Todos estos ejemplos son formas que el Señor toma para no ser reconocido.

La madre Teresa decía que en las mañanas hablaba con Jesús, y luego salía a buscarlo en las calles.

¡Queremos ser sensibles a ti, Señor! No nos dejes tropezar.

3. Rick Joyner, *Vision for the 21st Century*, página 94
4. Jack Deere, *The Gift of Prophecy*, página 70

*"A Jesús conozco, y sé quien es Pablo;
pero vosotros, ¿quién sois?"*

–Hechos 19:15

CAPÍTULO 14

Los hijos de Esceva

Los cristianos tenemos la tendencia de "santificar" todo aquello relacionado a Dios. Es decir, le hacemos un altar y casi le rendimos adoración. Muchos ven la Biblia (y me refiero material con el cual está hecho y no al contenido), como algo sagrado, y hasta le atribuyen poderes especiales.

Estas personas, cuando sienten algún tipo de opresión, toman la Biblia y la ponen sobre su pecho pensando que de ella emanará poder. Pero en verdad el poder está en la Palabra cuando la creemos, la guardamos en nuestro corazón y la declaramos con nuestros labios.

Como ya se han dado cuenta mi primer nombre es Jesús. En México, como en otros países hispanoamericanos, es común dar a los hijos el nombre Jesús, a causa de nuestra fuerte tradición religiosa.

Nunca tuve problemas con mi nombre hasta que conocí al Señor. De repente comencé a encontrarme con personas a las que no le parecía correcto que yo me llamara así, y hasta pensé en cambiarme el nombre. Conocí a un pastor que había cambiado su nombre de Jesús a Josué (aunque Jesús es el equivalente griego al nombre hebreo Josué). Él me decía: "no me sentía digno de llevar ese nombre ya que sólo debe llevarlo nuestro Señor".

Al estudiar las Escrituras y la historia me di cuenta que en los tiempos de Jesús su nombre era común, muchos hombres lo llevaban. Hubo varios sumos sacerdotes que se llamaron Jesús. El apóstol Pablo mencionó a un colaborador suyo llamado Jesús Justo (Colosenses 4:11).

La historia de esos tiempos menciona a un buen número de personas que llevaban el nombre de Jesús. Regularmente la historia llama por nombre a aquellos que de alguna manera dejaron huella. ¿Puedes imaginar cuántas personas con poca relevancia también llevaban el nombre de Jesús? Creo que si hubiera vivido en los tiempos de Jesús no hubiera tenido tantos problemas con mi nombre.

Al decir esto no estoy minimizando el nombre de Jesús.

¡Por supuesto que en ningún otro nombre hay Salvación!

¡Por supuesto que en su nombre hay Poder!

¡Por supuesto que Él es el único Salvador! Pero en el nombre de Jesús hay poder, mas no por la combinación de sílabas y consonantes que contiene. ¡No es una palabra mágica! En el nombre de Jesús hay poder por lo que ese nombre representa.

Detrás de cada nombre hay una persona, y cuando usamos el nombre de Jesús, lo hacemos porque detrás de él hay una persona de mucha autoridad.

LOS NOMBRES REPRESENTAN PERSONAS

En el ministerio que Dios depositó en mis manos, tengo cierto nivel de autoridad para dirigir a un grupo de personas. En las oficinas de nuestro ministerio, mi nombre acarrea cierta influencia. Si algo se tiene que hacer y alguien dice: "Jesús Adrián dijo que se hiciera", se hace con más rapidez y excelencia. Esto sucede porque las personas en la oficina reconocen mi autoridad, (aunque creo que las cosas se deberían hacer con rapidez y excelencia en todo tiempo, no importa quién lo haya ordenado).

Detrás de mi nombre estoy yo. Mi nombre está acompañado por autoridad, porque la gente en nuestro ministerio sabe que ese nombre me representa.

Detrás del nombre de Jesucristo hay autoridad, porque ese nombre representa al Dios que se hizo hombre para vencer a la carne y al diablo. La autoridad del nombre de Jesús trasciende el mundo natural. Jesús es Dios. Es el verbo hecho carne, concebido por el Espíritu Santo, nacido de una virgen para ser el Salvador del mundo. Entregó su vida en una cruz, y en ella despojó a los principados y potestades, y los exhibió públicamente, triunfando sobre ellos. Fue sepultado, pero al tercer día venció a la muerte y se levantó de la tumba victorioso. Dios le dio a Jesús *"un nombre que es sobre todo nombre, para que en nombre de Jesús se doble toda rodilla de los que están en los cielos, y en la tierra, y debajo de la tierra"* (Filipenses 2:9-10). ¡Por eso hay poder en el nombre de Jesús!

Para que alguien pueda invocar el nombre de Jesús necesita un permiso especial que se conoce como autoridad, y viene a nosotros cuando entregamos nuestra vida a Jesús y tenemos comunión con Él.

A través del nombre de Jesús se nos ha dado autoridad para hollar serpientes y escorpiones. Jesús nos dijo que en su nombre echaríamos fuera demonios, sanaríamos enfermos, moveríamos montañas, etc.

Conjuros vacíos de poder

Los hijos de Esceva eran siete muchachos que practicaban el exorcismo. Al ver cómo Pablo echaba fuera los demonios, intentaron invocar el nombre de Jesús sobre los malos espíritus (Hechos 19:13-17). Ellos pensaban que el nombre de Jesús era una clave mágica, y que con sólo mencionarlo los demonios huirían. Pero no fue así. Ellos no conocían a Jesús, no tenían autoridad y por eso su exorcismo no funcionó.

Cuando los siete hijos de Esceva hablaron al endemoniado diciendo: *"...Os conjuro por Jesús, el que predica Pablo"* (Hechos 19:13), tal vez lo hicieron con mucha convicción, quizás utilizaron el mismo tono de voz que usaba el apóstol Pablo, pero no les funcionó.

Es más, les resultó contraproducente porque el espíritu malo respondió: *"A Jesús conozco, y sé quién es Pablo; pero vosotros, ¿quiénes sois?"* (Hechos 19:15). Después de comprobar que realmente no tenían poder, saltó sobre ellos y dominó a los siete de tal manera que tuvieron que huir de aquel lugar desnudos.

Aunque los hijos de Esceva utilizaron el nombre de Jesús, no vieron ningún resultado. Cuando no tenemos la autoridad de Dios en nuestra vida y tratamos de echar fuera demonios, nuestras palabras están vacías de autoridad aunque digamos: "En el nombre de Jesús".

Hay muchas personas que aunque han entregado su vida al Señor viven sin autoridad; hablan a los demonios, y estos ni se inmutan. ¿Por qué? Hay varias razones por lo cual esto sucede, pero solo voy a enfocarme en una muy sencilla: Para poder echar fuera demonios necesitamos haber estado con Jesús.

Hay un dicho popular que dice: "Dime con quien andas y te diré quién eres". Creo que se aplica muy bien a nuestra relación con Jesús. Cuando andamos con Él se nota, y se sabe quiénes somos.

Los demonios dijeron a los hijos de Esceva: *"A Jesús conocemos y sabemos quien es Pablo, pero vosotros, ¿quiénes sois?"*. Cuando estamos con Jesús dirán de nosotros como dijeron del apóstol Pablo: "Sabemos quién es Pablo". Los demonios conocían a Pablo porque "andaba" con Jesús. Ellos sabían quién era Pablo al saber quién le hacía compañía.

La noche que el Señor fue aprehendido, Pedro lo seguía de incógnito, pero no pudo pasar desapercibido. La gente empezó a notar que él era uno de los que habían andado con Jesús. De la misma manera sucede en el mundo espiritual, los demonios saben si hemos estado con Jesús.

Si no conocemos a Jesús de una manera íntima y personal, nuestra guerra espiritual, es realmente magia y nuestras palabras son conjuros vacíos de poder. De esa manera, para Satanás, nuestra guerra por muy ruidosa que sea, está librada con espadas de cartón.

Cuando la gente veía a los discípulos notaba que habían estado con Jesús. ¡Era evidente! Si nosotros hemos estado con Jesús, no sólo la gente se dará cuenta, también los demonios lo notarán y se nos sujetarán, y hasta en el infierno sabrá quiénes somos.

Cuando estamos con Jesús nos parecemos a Él, actuamos como Él, pensamos como Él, y los demonios lo notan. Pablo tenía la autoridad de usar el nombre de Jesús porque conocía a Jesús, y es muy probable que esa mañana habría platicado con Él.

Durante una entrevista para una revista cristiana me preguntaron cómo me preparaba espiritualmente antes de subir a ministrar en una noche de alabanza. Mi respuesta fue que, aunque casi siempre orábamos antes de subir a ministrar, no creía que el orar antes de un evento sirviera de mucho si no tenemos una comunión constante con el Señor.

La unción para ministrar en poder no viene por haber orado quince minutos antes de empezar el evento o predicar; es consecuencia de tener comunión con Jesús de una manera constante. Equivocadamente pensamos que si tan sólo llenamos el requisito de orar antes de ministrar, todo saldrá bien, pero esto es actuar como los hijos de Esceva. Ellos representan a todos aquellos que han tratado de hacer guerra espiritual y no les funcionó. Aquellos que piensan que unas cuantas palabras serán suficientes para tener el poder de Dios, deben saber que eso es usar la oración como palabras mágicas. Hay quienes han confundido la fuente de poder con su carisma o su capacidad, pero no es así. Necesitamos tener una vida de comunión con el Señor para ser usados en poder.

Si tenemos comunión con el Señor, la oración que hacemos antes de comenzar un evento es realmente algo representativo, algo simbólico. Lo hacemos para demostrar nuestra dependencia de Dios, y para unirnos en un mismo propósito. Claro que hay ocasiones en las que nos sentimos dirigidos a orar un buen tiempo antes de empezar la reunión. Ya sea porque percibimos algún tipo de opresión y necesitamos hacer guerra en oración, o tal vez porque el Señor quiere hacer algo especial, pero hay factores espirituales que quieren impedirlo, y tenemos que luchar. Pero el orar antes de una reunión no compensa nuestra falta de intimidad con Dios.

Cuando Jesús estaba delante de la tumba de Lázaro a punto de hacer un milagro, oró al Padre, pero en su oración no pidió recibir poder para resucitar a Lázaro. Jesús sabía que el poder ya estaba en Él. Más bien hizo la oración para que los que estaban a su alrededor la escucharan: *"Entonces quitaron la piedra de donde había sido puesto el muerto. Y Jesús, alzando los ojos a lo alto, dijo: Padre, gracias te doy por haberme oído. Yo sabía que siempre me oyes; pero lo dije por causa de la multitud que está alrededor, para que crean que tú me has enviado"* (Juan 11:41-42).

Jesús hizo una oración pública para demostrar que Su poder venía del que lo había enviado.

VEHÍCULOS DE BENDICIÓN

En una ocasión, cuando Pablo y Bernabé estaban en Listra, se armó un alboroto (Hechos 14), porque después que Pablo sanó a un cojo de nacimiento, la gente quiso rendirle adoración. Decían que Pablo era Mercurio, y Bernabé, Júpiter. Hasta trajeron toros y guirnaldas para ofrecerles sacrificios. Pero Pablo detuvo el alboroto explicándole a la multitud que él era un hombre como ellos, y les aclaró acerca del poder que había en Él y de dónde procedía.

Uno de los peligros de utilizar la autoridad que el Señor nos entregó, es llegar a acostumbrarnos al poder y a la unción al punto de creer inconscientemente que proviene de nosotros. Aunque Pablo era una persona poderosamente usada por Dios, sabía que sólo era un vehículo a través del cual el poder de Dios obraba. Pablo sabía que los demonios se le sujetaban por haber estado con Jesús, y los demonios también lo sabían.

Los demonios saben quién es Jesús, lo conocen tan bien que cuando Él recorría los diferentes lugares predicando, no sólo se le sujetaban sino que le suplicaban que tuviera compasión de ellos.

EL REGRESO DE LOS SETENTA

Cuando los setenta regresaron de predicar, venían maravillados porque los demonios se les sujetaban con sólo pronunciar el nombre de Jesús. El Señor les respondió que Él vio a Satanás caer del cielo como un rayo. Este es el poder que hay en los hombres cuando hemos estado con Jesús. Pero también les dijo algo más: *"... no os regocijéis de que los espíritus se os sujetan, sino regocijaos de que vuestros nombres están escritos en los cielos"* (Lucas 10:20).

Hay mucha gente buscando satisfacción en el ministerio que Dios ha puesto en sus manos. Muchos se enamoran de la unción y el poder de Dios. Para muchos, el ministerio es su fuente de realización y gozo, pero para todo aquel que genuinamente ama a Dios, llegará el momento en que el ministerio o la unción no serán suficiente. Necesitamos encontrar deleite en Él y en Su Presencia. El ministerio debe acomodarse en un segundo, tercero, o cuarto lugar.

En una ocasión tuvimos un evento en San Salvador, con la asistencia de unas diez mil personas. Llegué al hotel muy satisfecho con todo lo que había sucedido, cuando el Señor habló a mi corazón y me hizo esta pregunta:

—¿Estás dispuesto a dejar lo que estás haciendo por mí?

Inmediatamente le respondí:

—Todo lo que hago, lo hago por ti, Señor.

—¿Estás dispuesto a dejar lo que estás haciendo por mí?, me preguntó otra vez.

—Pero hay muchas personas que dependen de este ministerio. Ellos trabajan a tiempo completo, —le dije.

Nuevamente habló a mi corazón y me hizo la misma pregunta. Entonces entendí la razón de la demanda. Dios estaba diciéndome: "Ten cuidado que lo que estás haciendo no se vuelva más importante que la relación que tienes conmigo".

Dios no quería que la fuente de mi regocijo y realización se encontrara en lo que estaba haciendo, sino en la relación que tengo con Él.

Entonces me arrodillé al lado de la cama y le dije: "Señor, si así lo deseas, ahora mismo renunció al ministerio que me has dado, y regreso a hacer lo que hacía antes". Puedo decir con mucha seguridad que lo que hago ni siquiera se aproxima a lo importante que es para mí la intimidad con el Señor. Si tuviera que dejar lo que estoy haciendo, y la voluntad del Señor sería que me fuera a un rancho a cuidar chivas, lo haría con mucho gusto. Jesús quiere que nos deleitemos en Él, y no en los dones ministeriales que nos ha dado.

¿Puedes dejar de hacer lo que estás haciendo por el Señor?

¿Qué tanta importancia le das al ministerio que Dios ha puesto en tus manos?

¿Se ha vuelto la fuente de tu realización?

Si ese es el caso, poco a poco te cansarás de lo que estás haciendo, perderás la pasión, y el poder se alejará de tu vida, porque el poder viene cuando encontramos nuestra realización en Dios, en nuestra intimidad con Él.

La canción "Prefiero a Cristo", que viene en nuestra producción "A Sus pies", transmite con más claridad lo que realmente es importante:

PREFIERO A CRISTO

No busco una herencia ni cruzar el Jordán
No voy tras fortuna ni prosperidad
No anhelo tesoros ni la bendición
No busco más dones, no busco la unción
Si tú quieres todo esto lo puedes tener
Mas no saciará para siempre tu sed
Coro
Prefiero a Cristo antes que tener
Todos los reinos del mundo, no se comparan con Él
Prefiero a Cristo me quedo con Él
Es el tesoro escondido que tanto busqué

*"No podrás ver mi rostro;
porque no me verá hombre, y vivirá"*

—ÉXODO 33:20

CAPÍTULO 15

Jesús: asombroso
y temible

Al terminar de dar una plática en un congreso de jóvenes en Madrid, España, mientras bajaba de la plataforma me encontré con David Greco. Él era el encargado de dar el siguiente taller.

Me acerqué a saludarlo y me preguntó acerca de qué tema había predicado. "Del amor de Dios", le respondí. Rápidamente y en tono de broma, me dijo: "¡Ahora yo voy a predicar de la ira de Dios!". La gracia y la espontaneidad con la que David hizo el comentario me provocó mucha risa, y aunque lo dicho fue en tono de broma, creo que es muy importante mantener el equilibrio en nuestra vida.

Muchos de los errores doctrinales en los que la Iglesia cayó en los últimos tiempos fue el resultado de la falta de equilibrio. Nos emocionamos demasiado con algún aspecto de nuestra fe, y nos olvidamos de otros de igual o mayor importancia.

Cuando David Ravenhill vivía en Nueva Zelanda y venía a predicar a los Estados Unidos, comentó que veía con tristeza cómo la Iglesia tomaba alguna enseñanza, algún aspecto del Reino de Dios, y acampaba alrededor de ella.

Durante algún tiempo no se hablaba de otra cosa que no fuera fe. En otro tiempo se hablaba sólo del Reino de Dios. En otro tiempo de prosperidad. En otro tiempo de sanidad, etc.

Cuando inclinamos la balanza hacia un solo lado, perdemos la perspectiva de todo lo que es Dios, y todo lo que está haciendo. De esta manera corremos el peligro de desviarnos y caer en el error. Es por eso que al concluir este libro es muy importante que desarrollemos el tema que encabeza como título este capítulo.

EL DIOS ASOMBROSO

El espectro de la luz es mucho más amplio de lo que nosotros podemos ver. Los colores del arco iris son una muestra de la luz que el ojo humano puede percibir. Estos se conocen como colores naturales que van del violeta al rojo, pasando por el azul, verde, amarillo y anaranjado.

Hay otros colores del espectro que el ojo humano no puede percibir, y se conocen como colores infrarrojos y ultravioleta. Los infrarrojos son aquellos que están más arriba del rojo, y los ultravioleta son los que están por debajo del color violeta.

Tanto unos como otros sólo pueden ser vistos a través de aparatos especiales, y pueden ser dañinos cuando no se observan adecuadamente. Entre estos colores se encuentran algunas formas de radiación como son los rayos x, los rayos gamma y los rayos cósmicos.

Es interesante pero, los colores que el ojo humano no puede percibir son los que más energía y poder tienen. La ligereza al manejar estas luces o rayos, puede provocar algunas enfermedades, y hasta la muerte.

Dios diseñó nuestro planeta adaptándolo a nuestra fragilidad. La tierra está cubierta con una capa especial para protegernos de la luz del sol. La atmósfera, con su capa de Ozono protege nuestros ojos y nuestra piel de los efectos dañinos del poder de la luz.

Para entender mejor lo que es Dios, necesitamos verlo en la forma de un espectro, muy parecido a la manera en que vemos la luz. El espectro completo de Dios es conocerlo en todos y cada uno de sus atributos.

Los atributos de Dios que más conocemos son: Su amor, Su misericordia, Su paciencia, Su gracia, Su perdón, etc. Pero al igual que con el espectro de la luz, los atributos de Dios son más amplios. Aquellos atributos de los cuales casi no hablamos, y a veces ni entendemos, son los atributos de más poder, y no se deben manejar ligeramente.

Dios en su gran amor y misericordia nos protege al no permitirnos verlo tal cual es. *"...Él conoce nuestra condición; se acuerda de que somos polvo"* (Salmo 103:14).

Hace mucho tiempo trabajé en una fábrica en la que se manejaban materiales tóxicos, como el mercurio. Mi tarea consistía en entrar a los lugares de trabajo en los que se manejaba el mercurio. Allí, con un aparato especial debía detectar los niveles de este material. Para hacer esto tenía que ponerme un traje especial, que parecía espacial.

Desde la planta de mis pies hasta la mollera de mi cabeza estaba cubierto por ese traje. En mi mano llevaba una máquina que detectaba los niveles de mercurio, y cuando estos eran altos, teníamos que desalojar el lugar de trabajo para proteger a todos los empleados. Me sorprendía ver cómo una cantidad insignificante de mercurio ponía en peligro la vida de docenas de personas.

Si una pequeña cantidad de mercurio puede provocar la muerte, ¿puedes imaginar los efectos que podría tener sobre nuestra vida el ver la fuente de poder más grande del universo? Nuestra capacidad mental es muy limitada para entender el inmenso poder de Dios, pero su poder es tan grande que, *"él mira a la tierra, y ella tiembla, toca los montes, y humean"* (Salmo 104:32).

El impetuoso mar, los volcanes, las tormentas, los relámpagos, los terremotos, los grandes ríos. Todos estos son fenómenos naturales cargados de poder, pero todos ellos fueron creados por un poder mucho más grande e inescrutable. ¡El poder de Dios!

Cuando Moisés insistió en ver la gloria de Dios, no le fue permitido. Lo único que Dios hizo, fue proclamar Su nombre mientras Moisés estaba escondido en la roca.

La razón por la cual Dios no le muestra su rostro a Moisés ni a ningún hombre, tiene que ver con dos cosas: nuestra fragilidad y nuestra impureza.

Nuestra delicada naturaleza física no está hecha para resistir el poder y la santidad de Dios, y nuestra naturaleza pecaminosa tampoco.

Dios le dice a Moisés: *"No podrás ver mi rostro; porque no me verá hombre, y vivirá"*(Éxodo 33:20).

Hay un atributo que sirve como fundamento en el carácter de Dios: Su santidad. Todos los atributos de Dios descansan sobre este. Él es Justo, porque es Santo. Él es Misericordioso, porque es Santo. Él es Amor, porque es Santo.

El resplandor de la gloria de Dios tiene que ver con Su pureza y santidad. Ningún ser humano puede ver el resplandor de Dios y vivir para contarlo. Si Dios nos permitiera ver su rostro, seríamos inmediatamente fulminados por el efecto de Su gloria y santidad.

Aun los serafines con seis alas, que están por encima del trono de Dios, utilizan dos de sus extremidades para cubrir su rostro, ya que sus ojos no pueden soportar el resplandor de la santidad y la gloria de Dios (Isaías 6). Los ojos también hablan de pecado e impureza, y aunque los ángeles viven en santidad, hay un gran abismo entre ellos y la santidad de Dios.

La palabra serafín hace referencia a seres encendidos, seres de color fuego, color cobre. Sin duda, estar en la presencia de Dios los hace estar encendidos de pasión por Él y por la santidad.

Cuando estamos en la presencia de Dios, somos como llamas de fuego encendidos por Dios y por la santidad. Aborreceremos la maldad y amaremos la justicia.

Con otras dos de sus seis alas, los serafines cubren sus pies. Los pies hablan de imperfección y aunque los ángeles son seres maravillosamente creados y *"... poderosos en fortaleza..."* (Salmo 103:20), no pueden compararse con la infinita perfección de Dios.

Cuando estamos delante de la presencia de Dios, inmediatamente notamos lo insignificante de nuestra humanidad, nuestra imperfección. Adán y Eva trataron de cubrir su humanidad y su imperfección después que perdieron la santidad por causa de la desobediencia (Génesis 3).

De la misma manera, el pueblo de Israel en el desierto no podía resistir el poder de Dios en el Monte Sinaí. Sus rodillas se golpeaban una con la otra por el temor que sentían al estar frente a aquel monte que humeaba, relampagueaba y se estremecía en gran manera. Cuando vieron el poder de Dios en el monte decidieron alejarse, porque se llenaron de terror.

EL DIOS TEMIBLE

La presencia de Dios es terrible y Él sabe que no la podemos resistir, y nos protege, así como nos protege de la luz del sol para que no nos dañe. Cuando el poder de Dios descendió al monte, sus instrucciones para Moisés fueron las siguientes: *"... Vé, desciende, y subirás tú, y Aarón contigo; mas los sacerdotes y el pueblo no traspasen el límite para subir a Jehová, no sea que haga en ellos estrago"* (Éxodo 19:24).

Hay aspectos de Dios que a veces olvidamos. Hay atributos de Su persona que hemos dejado de enseñar. El espectro del carácter de Dios es mucho más amplio de lo que nosotros a veces predicamos.

Tanto nuestra predicación como nuestra alabanza y adoración, deben incluir todos los aspectos de Dios. No podemos cantar sólo de su amor o de su majestad. No podemos cantar sólo de guerra espiritual o de regocijo y danza. Tenemos que incluir todos los colores del espectro.

Jesús vino a la tierra a mostrarnos la plenitud de Dios. Es cierto que Jesús es todo lo que hemos dicho en los capítulos anteriores, pero aún es mucho más...

Él es hombre, pero también es Dios.

Él es el Salvador, pero también es el Juez.

Él es el Cordero, pero también es el León.

Él es misericordia, pero también es justicia.

Él es amor, pero también es fuego consumidor, aborrece el pecado y la maldad.

Pensando en Jesús desde este enfoque, hace seis años escribí esta canción:

> *Sentado en Su trono rodeado de luz.*
> *A la diestra del Padre gobierna Jesús.*
> *Con ojos de fuego con rostro de sol.*
> *Cuando abre Su boca es trueno Su voz.*
>
> *Poderoso, en majestad y reino poderoso.*
> *Poderoso, en potestad e imperio, poderoso.*
>
> *Un gran arco iris corona Su ser,*
> *Él es el cordero que pudo vencer.*
> *Él es el primero, Él es el postrer.*
> *Y arrojan coronas delante de Él.*
>
> *Poderoso, en majestad y reino, poderoso.*
> *Poderoso, en potestad e imperio, poderoso.*

El apóstol Juan se recostaba en el pecho del Señor cuando cenaban, pero cuando el Jesús glorificado se le revela, la actitud de Juan en Apocalipsis es totalmente diferente. En muchas ocasiones Juan había oído la voz de Jesús, pero la que ahora escuchaba era muy diferente.

Juan describe en Apocalipsis la voz que escuchó, como de trompeta, como el estruendo de muchas aguas. Los ojos de amor que tantas veces había visto, ahora eran como llamas de fuego. Los pies que habían recorrido las calles de Galilea predicando, ahora eran semejantes al bronce bruñido, refulgentes como en un horno. En estas expresiones, Juan no veía a Jesús el hombre, estaba viendo al Cristo de la gloria, a aquel que es desde antes de la fundación del mundo.

Cuando Juan vio a Jesús, no se recostó en su pecho como lo había hecho antes, más bien cayó como muerto a sus pies. Jesús puso su mano sobre él y le dijo que no tema.

A través de las Escrituras encontramos que cada manifestación de la presencia de Dios era acompañada por las palabras *"No temas"*, porque su presencia es temible.

Cuando Jacob experimentó la presencia de Dios en Bet-el, se llenó de miedo y declaró: *"¡Cuán terrible es este lugar!"* (Génesis 28:17). Terrible implica que la presencia del Señor provocaba miedo en Jacob, que lo llevaba a respetar, a reverenciar y dar honor a Dios. El temor de Dios tiene un propósito muy importante para nuestra vida aquí en la tierra.

Moisés dijo palabras al pueblo de Israel que son muy necesarias en estos tiempos, en los que vivimos días de ligereza espiritual y superficialidad: *"No temáis; porque para probaros vino Dios, y para que su temor esté delante de vosotros, para que no pequéis"* (Éxodo 20:20).

Cuando el temor de Dios está delante de nosotros, evitamos el pecado. A veces manejamos con mucha ligereza la presencia de Dios y esto es muy peligroso. Uza fue herido de muerte por Dios porque se había acostumbrado al arca, y la tocó con ligereza. Dice la Biblia que: *"...el furor de Jehová se encendió contra Uza, y lo hirió allí Dios por aquella temeridad, y cayó allí muerto junto al arca de Dios"* (2º Samuel 6:7).

El atrevimiento de Uza rayaba en la imprudencia. No podemos actuar con temeridad ante la temible presencia de Dios. Uza fue irreverente, perdió el respeto y el temor a lo sagrado.

EL EQUILIBRIO ESPIRITUAL

Parece que la reverencia es un concepto anticuado para muchos. En una ocasión, un pastor me hablaba de lo lamentable que él consideraba los cambios que el lenguaje había sufrido en algunas Iglesias en las últimas décadas.

Traté de explicarle la razón por la que yo creía que este cambio había tomado lugar. Le comenté que mucha gente utilizaba ese lenguaje sin conocer su significado. Algunos se expresaban de esa manera porque pensaban que los hacía más espirituales, (muy parecido a utilizar una versión antigua de la Biblia porque la consideramos "más espiritual").

También comenté que el lenguaje nos había convertido en

personas fuera de contacto con el mundo, y nos veían como "religiosos". Esto nos hacía menos efectivos en nuestros esfuerzos de alcanzar a los perdidos.

Agregué que muchas de las palabras que se usaban no tenían realmente el peso que deberían tener, se habían vuelto parte de un lenguaje religioso y no se vivía a la altura de ellas.

Aunque no es necesario tener que utilizar palabras como las que mencionó el pastor, sí entiendo que es necesario tener el respeto y la actitud frente a las cosas espirituales que algunas de estas palabras evocan.

Por ejemplo la palabra "culto", que se utilizaba para referirse a una reunión, se ha cambiado por palabras menos sustanciales como "reunión". La palabra culto habla de respeto y reverencia.

También se ha sustituido la palabra "altar", por palabras como plataforma. En lugar de invitar a la gente a "pasar al altar", les proponemos "pasar al frente", aun cuando todos conocemos el trasfondo tan rico de esta palabra.

En el pasado, la gente se refería al lugar de reunión como el "templo o santuario", y ahora hablamos de él como el edificio o la "congre". Por supuesto que no tenemos que regresar al lenguaje de antes, Dios ya no habita "en edificios hechos de manos". Ahora nosotros somos el santuario, pero sí necesitamos regresar a la reverencia que algunas de estas palabras evocan, y que encontramos a través de las Escrituras.

Es importante no confundir ser reverentes con ser ceremoniosos. Podemos estar en medio de una fiesta espiritual en la que danzamos alegremente delante de la presencia de Dios, pero nuestra alegría debe estar acompañada de respeto y temor.

Desde Génesis hasta Apocalipsis encontramos el respeto y temor que la presencia de Dios provocaba. Sólo tenemos que leer las experiencias de personajes como Moisés, David, Jacob, Daniel, Pablo o Pedro, para cultivar en nuestra vida un temor santo a nuestro Dios.

Pedro hablaba sin pensar delante de la presencia de Jesús, pero el día que el Cristo resucitado subió a su barca, se arrojó al agua lleno de temor.

Cuando Jesús estaba en la tierra Su rostro irradiaba amor, pero la Biblia lo presenta en Apocalipsis con rostro de sol.

Cuando estaba en la cruz muriendo por nuestros pecados, de su boca salieron palabras de perdón y misericordia al interceder a favor de aquellos que lo crucificaron diciendo: *"Padre, perdónalos, porque no saben lo que hacen"* (Lucas 23:34), pero en Apocalipsis leemos: *"De su boca sale una espada aguda, para herir con ella a las naciones"* (Apocalipsis 19:15).

En Canaán, Jesús convirtió el agua en vino, y nos ha dado de beber el vino del nuevo pacto que ha hecho con nosotros, pero en Apocalipsis dice: *"... El pisa el lagar del vino del furor y de la ira de Dios Todopoderoso"* (Apocalipsis 19:15). El vino es el mejor ejemplo del equilibrio. Puede alegrar el corazón, pero también puede provocar aturdimiento y violencia si no se sabe controlar. El vino en las Escrituras es presentado como un agente de placer, también como un agente de castigo. El vino hace referencia a pasión y ardor. Es inflamable, puede provocar un incendio.

El Salmo 2 nos presenta de una manera maravillosa el equilibrio que debemos mantener en nuestra relación con Jesús.

"Servid a Jehová con temor, y alegraos con temblor. Honrad al Hijo, para que no se enoje, y perezcáis en el camino; pues se inflama de pronto su ira" (Salmo 2:11-12).

Esta es una sana combinación. Alegría mezclada con temor y temblor. Por supuesto que al hablar de sentir temor, no nos referimos a tener miedo. El miedo se siente por lo desconocido, pero nosotros conocemos a nuestro Dios y Él quiere nuestro bien. Nuestro temor está basado en el asombroso poder de Dios.

Podemos y debemos alegrarnos por nuestra salvación. Él nos ama tanto que dio su vida por nosotros. Así que nos alegramos por la salvación que ha traído a nuestra vida, y por sus bendiciones que son interminables. Tenemos el privilegio de ser amados por Aquel que formó el universo con sus dedos, pero esta alegría que hay en nuestro corazón debe ser acompañada de temblor.

Cuando las mujeres fueron al sepulcro el domingo por la mañana, encontraron la tumba vacía, y dos ángeles hablaron con ellas diciéndoles que Cristo había resucitado. Mateo dijo que cuando las mujeres fueron a dar aviso a los discípulos; *"...saliendo del sepulcro con temor y gran gozo..."* (Mateo 28:8).

¿Por qué tenían temor?

Porque habían visto el poder de Dios levantando a Jesús de la tumba. Esto les provocaba temor, aunque también les provocaba regocijo.

UN ESTILO DE VIDA

En un viaje que hicimos con nuestro ministerio a Honduras, tuvimos un día libre y junto con los músicos nos fuimos a nadar a un río. Este río fue uno de los que causó muchos daños cuando pasó por allí el Huracán "Mitch", que azotó al país.

Cuando llegamos nos dimos cuenta que aunque habíamos ido a ese lugar a divertirnos, debíamos tener mucho cuidado al meternos al agua porque la corriente era muy fuerte.

Para poder cruzar en una parte del río, tuvimos que tomarnos todos de la mano, y aun así, la corriente era tan fuerte que nuestras débiles piernas casi no podían resistir. Con muchas dificultades llegamos al otro lado y buscamos un lugar donde la corriente no fuera tan fuerte para poder nadar. El río infundía respeto.

El apóstol Pablo nos propone que todo lo que hagamos por el Señor, lo hagamos con temor. En todo momento debemos reconocer el gran poder de Dios, para que no actuemos con ligereza delante de Él.

Aunque Dios encarnó a su Hijo y habitó entre nosotros, Él sigue siendo Dios. Es importante mantener este equilibrio en nuestra vida.

Un espacio para ti en la mesa

Cuando el profeta Samuel fue a la casa de Isaí para ungir a uno de sus hijos como Rey, se había preparado un gran banquete. Para la familia de Isaí era un verdadero honor que el profeta visitara su casa.

Cuando el profeta descubre que ninguno de los hijos que le habían sido presentados era el que Dios había escogido para ser Rey de Israel, le preguntó a Isaí si tenía otros hijos. Entonces Isaí respondió que aún quedaba el menor y que estaba apacentando las ovejas. Al oír esto, el profeta le dijo: *"Envía por él, porque nos sentaremos a la mesa hasta que él venga aquí"* (1º Samuel 16:11).

David no imaginaba que el profeta Samuel, la persona más importante para el pueblo de Israel, además de Dios, lo estaba esperando en la mesa para comer.

Durante todo el tiempo que el hijo pródigo estuvo fuera

de su casa, el padre guardó un espacio para él en la mesa; nadie más lo ocupó, le pertenecía solamente a él. Mientras deseaba comer las algarrobas que comían los cerdos, recordó la abundancia de pan en la casa de su padre y decidió regresar. El día que regresó volvió a disfrutar de esa abundancia, sintió el calor de casa y el compañerismo del padre.

Hay una mesa servida y un espacio que está esperando por ti. ¿Vendrás a ocuparlo?

Tal vez has estado "en una país lejano" como el hijo pródigo, o "cuidando las ovejas de tu padre", como David y el hijo mayor en la historia del hijo pródigo, pero ahora es tiempo de venir a la mesa. El Señor te está esperando.

Cuando te hayas sentado a Su lado el tiempo se detendrá, y tu corazón será conformado a Su corazón.

Algo más sucederá después que te hayas sentado a la mesa del Señor y compartido el pan con Él. Todos los manjares que el mundo te ofrecerá poniendo mesas delante de ti, parecerán sólo migajas.

C.S. Lewis dijo: *"Somos criaturas de poco entusiasmo, entreteniéndonos con bebidas, sexo y ambiciones, cuando gozo infinito nos es ofrecido... somos muy fácilmente complacidos"* [5].

La práctica de la intimidad con Dios no es para aquellos que se conforman con poco, sino para aquellos que tienen hambre de más, aquellos que no son tan fácilmente complacidos. Estos son los que encuentran delicias a la diestra del Señor.

En Su presencia hay infinito gozo y a Su diestra hay delicias para disfrutar.

Él está llamando a la puerta de tu corazón para entrar y cenar contigo. ¿Puedes oírlo?

5. C.S. Lewis, *The Weight of Glory*, página 26

VÁSTAGO PRODUCCIONES

México: (1) 617-7723
Mar del Sur No. 1632
Col. Fuentes del Valle
Ciudad Juárez, Chih. C.P. 32500
México

Estados Unidos: (915) 532-0400
120 W. Castellano Drive
El Paso, TX 79912

WWW.VASTAGO.COM

Casa Creación

Presenta

libros que impactarán
su vida

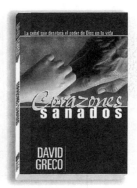

CASA
CREACIÓN
ALIMENTANDO
SU ESPÍRITU

www.casacreacion.com

Dedicatoria

A mi esposa:

Cuando te hallé, hallé el bien, y desde entonces no soy el mismo. Eres mi mejor regalo.

Al conocerte, algo de mí murió para que tú vivieras. Es por eso que cuando tú no estás vivo a medias.

Aunque eres un vaso frágil, me asombra tu fortaleza interior. La firmeza de tu carácter, la paz de tu frente, y el calor de tu sonrisa han hecho de nuestro hogar un jardín que siempre huele a primavera y en el que nos refugiamos del mundo y sus afanes. ¡Eres el corazón de nuestra casa!

Si soy "conocido en las puertas", como dice Proverbios, es porque me has vestido de "ropas nobles".

Pecos, este libro no hubiera sido posible sin tu presencia a mi lado. Has contribuido mucho más de lo que te imaginas en su elaboración.

ÉL HA PREPARADO UN
LUGAR PARA TI EN LA MESA.
¡VEN A OCUPARLO!

CENANDO
CON
JESÚS

JESÚS ADRIÁN ROMERO

PRÓLOGO POR ALBERTO MOTTESI